おだやかに、シンプルに生きる

枡野俊明

PHP文庫

まえがき

いつもおだやかな心を保ち、心安らかに生きていたい。誰もがそう願っているものです。私たち禅僧にしても、おだやかな心を保つために日々の修行に励んでいるとも言えるのです。

ところが常におだやかな心を保つことは、それほど簡単なことではありません。なぜなら私たち人間には、喜怒哀楽という感情があるからです。喜んだり悲しんだり、時に怒ったりする。それこそが人間に与えられた特権でもあります。しかし、これらの感情に心が支配されることで、私たちはおだやかな心を見失うことになるのです。

怒りの感情が湧きあがり、外に向かって吐き出している。それはとても醜い姿に映ることでしょう。反対に、喜びの感情でさえ、あまりに外に向かって吐き出しすぎると、それもまた醜い姿に映るものです。おだやかな心を失うということは、何も怒りや悲しみといったマイナスの感情だけではありません。喜びや楽しさなどというプラスの感情でさえ、それにとらわれすぎればおだやかな心を失うことになるのです。どちらの感情もおだやかさを奪うという点においては同じなのです。

喜怒哀楽を出してはいけない。そう言っているのではありません。無理をしてその感情を押し殺すこともないのです。ただし、それらの感情をむやみに外に向けて吐き出さないことです。一度吐き出した感情は元には戻せません。感情をぶつけられた相手にしてみれば、それが原因でおだやかな心をかき乱されることになるでしょう。むやみに感情をぶつけ合うことは、双方にとって幸せなことではないのです。

＊

私たちの心を乱すものは何でしょう。もちろん自分の身の回りで起きていることが原因となっているのですが、それよりも大きな原因があるように思います。それは世の中に氾濫している多くの情報ではないでしょうか。

現代社会は明らかに情報過多の時代です。さまざまな情報が洪水のように襲ってきます。そしてそのほとんどは自分にとっては無意味なもの。その無意味な情報に振り回されることで、私たちの心が乱されているのです。

この情報は自分には関係がない。頭ではそう思いつつも、つい心のなかで比べてしまう。自分は自分だと言いつつも、やはりどこかで他人や世間のことを気にしている。それこそが現代のストレス社会を生んでいるのです。

かつての日本は村社会でした。多くの人が小さな村のなかで一生を過ごしていたものです。周りの村人はみんな畑を耕し、同じ環境の下で暮らしていました。生活水準も同じ。価値観も変わりません。他の村の情報なども入ってきませんから、他所の村と比べることもないのです。つまらない人生だといまの人は思うかもしれませんが、あの時代の日本人はとても心おだやかに暮らしていたような気がするのです。

もちろん現代社会において、同じような暮らしができるはずもありません。同じ町に住む隣人でさえも、自分とはまったく違う生活を営んでいるものです。まして価値観の多様化によって、自分と考え方が違う人が周りに大勢います。まるで現代の人は、まさに混沌《こんとん》のなかで生きているようなもの。言い換えれば、現代社会はおだやかな心を奪うもので溢れているとも言えるのです。

そんな環境のなかで、どうすれば私たちは心のおだやかさを取り戻すことができるのでしょう。その問いに対する明確な答えは見つかりません。しかし、そのヒントとなるものは禅の教えのなかに見つけることができます。

本書では、おだやかな心を取り戻すヒントとなるような禅語を抽出しました。一つの禅語と出合うことによって、ふと自分自身を振り返ることができる。感情に支配された心を顧みることができる。不要な情報に流されない生き方を、禅の教えのなかにそれぞれの人が見出してくだされば幸いです。

合掌

平成二十八年　二月吉日

建功寺方丈にて　枡野俊明

おだやかに、シンプルに生きる　目次

第1章

シンプルに生きるための方法

第2章

人づきあいの心得

第3章

仕事との向き合い方

第4章

自分を高める智慧

第1章
シンプルに生きるための方法

春来草自生

はるきたらばくさおのずからしょうず

物事は
自《おの》ずから
やって来る

どんなに長く厳しい冬だったとしても、春が来れば自然に草木が芽吹いてきます。どんなに暑い夏の日でも、やがては涼やかな秋風が吹いてくる。人間の計らいとはまったく関係なしに、季節は巡ってきます。

このように、人間の計らい事を超えた所に「真理」というものがあるのです。この禅語は、すべての物事は私たちの人智を超えた所にあることを言っています。

生きていれば、苦しいことや辛いことにたくさん出合います。うれしいことや楽しいこともありますが、なぜかそれらは足早に去ってしまう。楽しいことは長くは続かない。そういう意味からすれば、人生とは苦しみや悲しみのほうが多いのかもしれません。

その苦しみのなかで、もがいている人がたくさんいます。悲しみの海に沈みかけている人もいるでしょう。どうして自分ばかりがこんなにも苦しまなくてはいけないのかと。その苦しみから救い出す方法を私は知りません。しかし、一つだけ信じて欲しいことがあります。

それは、どんな苦しみや悲しみも、いつかは和らぐということ。苦しみが永遠に続くことはありません。いかなる悲しみも、時が経《た》つとともにゆっくりと癒やされていく。春が来れば草木が芽吹くように、いつか苦しみから解放されるときがやって来る。であるからこそ、私たちは生きていくことができるのです。

そしてもう一つ、辛いことや不安感に襲われたとき、それを自らの心で増幅させてはいけません。たとえば、人間関係の悩みが生じたとします。組織社会で生きていく上では、常にこの人間関係の悩みがつきものです。ストレスのなかで上司や同僚と合わない。毎日、その人の顔を見るだけでストレスに襲われる。そのストレスが積もり積もって、やがて心が病んでしまう。そうならないためには、自分でその悩みを増幅させないこと。要するに、その悩みにばかり目を向けないことです。

人間関係はそこにだけあるのではありません。確かに会社のなかでの人間関係の悩みは大きいものでしょう。でも、あなたの人生は会社のなかだけにあるのではありません。自分の周りには他にも多くの関係があります。友だちとの楽しい関係もあれば、家族とのあたたかな関係もあります。一つだけの関係や不安に執着することで、悩みはどんどん大きくなっていくのです。

何らかの悩みに襲われたときには「いずれ、この悩みは消えるだろう。それまでは放っておこう」と思うことです。無理やりに苦しみから抜け出そうとするのではなく、抜け出すときをじっと待つ。ましてや具体的な解決策が見つからないのであれば、その悩みをいったん脇に追いやってしまうこと。必ず抜け出せるときが来るのだと信じて、ただ自然の成り行きに任せてしまえばいいのです。

悲しみも同じです。無理やりに悲しみを封じ込めるのではなく、思いっきり涙を流すことです。永遠に涙を流し続けることなど人間にはできません。やがては心が救われるときが来ます。苦しみや悲しみを、そっと心の脇に寄せておく。それが心おだやかに生きるための知恵というものです。

非思量《ひしりょう》

頭で考えて
ばかりいるから、
イライラが募るのです

私たち禅僧が坐禅を組むときには、何も考えてはいけないと言います。ただ坐禅を組むことだけに集中し、静かに呼吸を整えること。これが禅僧の基本的な修行なのです。しかし、なかなかできるものではありません。

私も修行を積んできましたが、それでもなかなか無の状態には正直なれません。坐禅を組んでいる最中、ものごとを考えてしまうこともあります。完璧《かんぺき》なる平常心を保つことはさも難しいということです。

まったく何も考えないということは無理にしても、その考えにとらわれないということが大切なのです。お腹が空いたなと思うのは仕方のないこと。ただし、その思いにとらわれて、お昼ごはんには何を食べようかなどとは考えてはいけないのです。お腹が空いたという気持ちを、次の瞬間には受け流していくことが大切なのです。

イライラすることもあります。怒りの感情に襲われることもあるでしょう。それは生きている限りどうしようもないことであります。しかし、その感情にとらわれないようにすることが大事なのです。もしもとらわれそうになったときには、「もうこれ以上考えるのは止めよう」と自身に言い聞かせることです。できる限り「考えない」という方向に頭をもっていくこと。「非思量」が教えることはそこにあるのです。

自分では冷静に考えているつもりでも、いつしか感情的になってしまうこともあります。始めのうちはちょっとした怒りであっても、考えているうちに怒りがどんどん増幅していく場合もあるのです。そして持て余すほどのイライラにつながっていってしまうこともあると思います。そんな経験は誰にでもあるものです。

大本山總持寺の貫首《かんしゅ》をされていた板橋興宗《こうしゅう》禅師さん。私が心から尊敬する高僧です。その板橋禅師さんにこう言われたことがあります。

「頭でばかり考えてはいけないよ。頭でばかりあれこれと考えているから、それこそ頭にくるのです」と。

まさにその通りではないでしょうか。イライラしているときのことを思い起こしてみてください。どうしてイライラするのでしょうか。それは、あなたの頭のなかでイライラするようなことを考えているからなのです。たとえば眠っているときには、基本的には何も考えてはいません。もちろん夢を見ることはあるでしょうが、何か一つのことを考えながら眠ることなどないものです。したがって、眠りながらイライラする人もいないということです。あるいは頭のなかで楽しいことを考えているにもかかわらず、心がイライラすることもないでしょう。要するに心のイライラは、頭で考えることで生じるものなのです。

かの板橋禅師さんでさえ、心が揺れることもあるそうです。相手の言葉に怒りを覚えることもある。それは人間として当たり前のことです。そんなときにはどうするのでしょうかと尋ねてみました。禅師さんはこうおっしゃいました。

「心に揺れが生じることは私にもあります。そんなときには、すぐさまそれに反応したり、余計なことを考えたりせず、ありがとさん、と3回心のなかで唱えることにしています。3回唱えるうちに、頭から怒りを追い出してしまうのですよ」と。

頭のなかで考えることを止めるための自分だけの呪文。そんなものを作っておくのもいいかもしれません。

動中静《どうちゅうのじょう》

どんな環境の
もとでも、
心静かにいること

毎日を、心静かに送っていきたい。どこにいても、どんな環境にあっても、いつもおだやかな心をもって生きていたい。誰もがそう願っているのではないでしょうか。

しかし現実は、なかなかそうはさせてくれません。会社に行けば、そこには競争がまっています。せっかく縁があって同じ会社に入った同僚とも競争しなければならないはめになってしまうのです。どちらの成績がいいとか、どちらが先に出世するとか、常に他人との比較に晒《さら》されながら生きています。

自分にはそんな競争など関係ない。そういう人もいるかもしれません。しかし、出世など興味がないと言いつつも、実際に同僚から大きく後れを取ってしまえば、やはり心おだやかな状態ではいられません。

私たちからおだやかさを奪うものは、こうした競争ばかりではありません。自らの心の感情の揺れ。ときに怒りの感情に飲み込まれたり、ときに不安が襲ってきたりします。そしてこの感情の揺れは、日常生活のあらゆるところに潜んでいるのです。

家のなかに独りいながらも、子供のことを考えて不安になったりすることもあるでしょう。昨日の友人とのやりとりを思い出し、怒りの感情が湧き出てくることもあるでしょう。あるいは現実的な根拠のないままに、漠然とした将来への不安が押し寄せてくることもあります。本来はおだやかに過ごせるはずの家のなかにいてさえも、私たちの心は常に揺れ動いているのです。そのように人間とはやっかいなものです。

外からのストレス、あるいは自らが生み出したストレス。そういうストレスが襲ってきたときにはどうすればいいのでしょうか。揺れ動く心をなだめるにはどうすればいいのでしょうか。

そのもっともよい方法は、静かに丹田《たんでん》呼吸を行なうことです。

丹田とは、おへその少し下（二寸五分／約7・6センチメートル）あたりを指します。目を半眼にして、自分の丹田に意識を集中させてください。そしてゆっくりと息を吐きだすのです。「呼吸」という言葉を見てください。始めにくるのが「呼」。これは息を吐くことです。ふーっと息を吐き切れば、人間は放っておいても息を吸おうとします。つまり「呼吸」というのは、息を吐くことから始まるのです。

丹田に意識を集中させて、ゆっくりと呼吸をする。これは禅僧が坐禅を組むときの基本でもあるのです。心に揺れが生じたとき、怒りの感情が押し寄せたり、イライラした気持ちになったとき、まずは目を半眼にして丹田呼吸をしてみることです。できるだけ頭のなかを空っぽにして、ゆっくりと息を吐き出してみてください。ただそれだけで、心の揺れは収まってくるものです。長い時間でなくても、ほんの1分でもいいのです。まずは、自分で「息」を整える習慣を身につけることです。

たとえどんな環境にいようが、周りの騒がしさに包まれていようが、いつも心を静かな状態に保つこと。「動中静」という禅語は、その大切さを説いたものです。

私たち現代人は、いつも何かに心を揺さぶられているものです。であるからこそ、そこから少し抜け出す手段を身につけておく必要があるのです。その手段をもたなければ、いつしか心が蝕《むしば》まれていくことにもなりかねません。そうならないためにも、丹田呼吸の習慣を身につけておくことです。

水急不月流

みずきゅうにしてつきをながさず

普通や常識に
流されないこと

人はつい、他の誰かと比べたがります。比べることなど無意味だとは知りつつも、つい誰かと自分を比較してしまうものです。私たちはたった独りで社会に生きているわけではありません。それを考えれば、他人のことが気になるのは仕方のないことでしょう。

たとえば、隣で一緒に仕事をしている同僚と比較してしまう。それは避けられないことかもしれません。同じ会社で同じ仕事をしているのですから、どうしてもそこに優劣がついてきます。そこに比較する心が生じることは、悪いことだとは思いません。ただし、その比較をプラスにもっていく努力をすることです。相手が上回ったからといって落ち込むのではなく、よし今度は挽回してやろうという気持ちに高めていくことです。それができれば、比べることもまたプラスになることもあるものです。

比較のなかでもっともいけないのは、実体のないものと自分を比べることです。たとえば、35歳になるころに課長になるのが普通。45歳で部長に昇格するのが普通だ。もっと言えば、60歳の定年まで勤め上げることがサラリーマンとして普通のことだと。そんな実体のない「普通」と自分を比べていませんか。

ここで言うところの「普通」とは何でしょうか。もしもその「普通」の道を外れてしまったとしたら、あなたは不幸になるのでしょうか。それらは、頭のなかでだけ考え出した幻想に過ぎないことに気づいてください。

「常識」というものも同じです。「結婚しても仕事を続けるのがいままでは常識でしょう」「保育園に子供を預けることは当たり前のことです」と。いったい誰がそれを「常識」だと決めたのでしょうか。それは誰かが決めたものではなく、それを信じている人が勝手に決めつけているだけのものなのです。その常識に縛られて、自分の心を騙しながら職場復帰する。会社にいても心はかわいい子供のことばかり考えてしまう。それは幸せなことなのでしょうか。

もちろん私は、どちらかを勧めているわけではありません。出産後にも仕事をするのか、あるいは子育ての日々を送るのか。それを決めるのは自分自身の心です。実体のない「常識」や「当たり前」に左右されることなく、自分自身の心に正直に生きていくこと。それが幸せにつながっていくのだと思います。

さまざまなことが数字になってメディアで報道されています。平均的な家庭像などが数値化されています。夫が40歳で妻が38歳。子供は小学校6年生と2年生のふたり。郊外の3LDKの一戸建てに暮らし、年収は600万円。たとえばこれが「平均的家庭」の姿だと言われているとしましょう。しかし、この「平均」にぴったりと合致する家族がはたしてどれほど存在するでしょうか。おそらくはとても少ないと思います。そんな「平均的家庭」と比べることほど虚しいことはありません。

「どんなに川の水の流れが急であっても、水面に映っている月影は流されることはない」。これが「水急不月流」の禅語の意味です。

「水の流れ」というのは、言ってみれば世間で起きていることを指します。そして「水面に映る月影」は、自分自身の心を表わしています。世間の水は、ときに急な流れになったり、ときにおだやかになったりします。しかし、そんな流れに気を取られることなく、いつも水面に映る月影のような心持ちでいること。それが「あなたらしさ」というものです。

無功徳《むくどく》

結果が出ないからと落ち込む。
それは結果を
期待するからです

昔、梁《りょう》という国に武帝がいました。その武帝はとても信心深く、仏教のために尽くしてきました。たくさんのお寺を建て、仏教の発展のために尽くしてきました。日々の生活のなかでも、一生懸命に写経に励んできました。一生懸命に自分は仏に尽くしている。その武帝は、達磨《だるま》大師にこう尋ねました。

「達磨大師、私はこれまでたくさんのお寺を自費で建ててきました。仏教の興隆のためを思ってのことです。そして仏教の教えに従い、一生懸命に写経にも尽くしてきました。このように仏教のために尽くすことで、いったいどのような功徳が私には与えられるのでしょうか？」と。

その質問に対して達磨大師は一言で答えました。「無功徳」と。

要するに、禅的な行為というものは、いっさいの果報を求めないことが基本なのです。これをしたらこんな得がある。この行為を積むと得をすることがある。そのような結果を求めてはいけない、ということを達磨大師はいっているのです。すべての行為は無心でなくてはいけない。それが原点であることを達磨大師はこの言葉をもって伝えたのです。

現代は結果ばかりが求められる時代です。仕事における成果などがいい例です。どんなに一生懸命に努力を重ねたとしても、それが結果につながらなければ評価はされません。評価されないどころか、一生懸命にやっているのにもかかわらず、成果が上がらないということは、無能だと判断されてしまいます。その評価を気にするあまり、つい結果ばかりを追い求めてしまうことになるのです。

あるいは、自分さえよい結果を出せばそれでいいと考えてしまう。たとえ周りの人たちを蹴落としてでも、自分さえ評価されればいい。そんな空気が蔓延《まんえん》することで、ストレスは高まっていくのだと私は思います。

おそらくこのような風潮は、アメリカ社会の価値観から影響を受けているのだと思います。アメリカは多民族がひしめく社会です。仕事の進め方なども民族によっておそらくは違いがあるのでしょう。のんびりと進める人間もいれば、テキパキと片付ける人間もいます。つまりはそのプロセスがバラバラだということです。

そのような社会においては、どうしても結果だけで判断しようとします。

それは致し方ないことだと思います。しかし、この考え方を日本に持ち込むことで、さまざまな軋轢《あつれき》が生じているのではないでしょうか。

日本人というのは、もともとはプロセスをとても大事にしてきました。たとえ結果が出なかったとしても、一生懸命に努力をするその姿を評価してきました。自分が成果を出さなくても、周りの人たちの役に立つことで、そこにいる意味があったものです。誰一人として不必要な人間などいない。そんな心のつながりが社会全体を覆っていたような気がします。

結果が出ないからと落ち込む人がいます。日々の努力が無になることなどぜったいにないと私は思います。結果が出なくても、失敗したとしても、努力が無駄になることなど人生にはありません。必ずいつの日にか、その努力が自分の助けになることがあります。

「努力をすれば必ず報われる」という言い方があります。その通りだと思います。ただし、「報われる」というのは、成果が出るという意味ではなく、その本当の意味は、自分自身の人生が豊かになるということです。人生とは、淡々とした小さな努力によって善《よ》きものになっていくのです。

八風吹不動《はっぷうふけどもどうぜず》

湧き出てくる感情に
振り回されないように
しましょう

私たちには、さまざまな感情が生まれます。いかなる感情が芽生えたとしても、動ずることなく生きていきなさいと、禅はそう教えています。

「八風吹不動」の「八風」とは何か。それは「利《り》」、「衰《すい》」、「毀《き》」、「誉《よ》」、「称《しょう》」、「譏《き》」、「苦《く》」、「楽《らく》」の八つです。

「利」というのは、物事が順調にいくということです。「衰」とは自らの意思に反することを意味します。「毀」とは人の悪口を言うこと。「誉」は反対に人を誉めることで「称」は讃えることを表わします。「譏」というのは誰かの欠点を見つけて、それを周りの人に悪く言うことです。「苦」は文字通り自分の心を苦しめるもので「楽」とは自身の心を喜ばせるものです。これら八つの風が私たちの周りにはいつも吹いているのです。そしてこれら八つの風こそが、私たちの心から平常心を奪っていくものであると禅は考えています。

さてこの「八風」のなかで、「利」や「楽」の風が吹いているとしましょう。順調で自分の心を喜びに導いてくれる風が吹いているということです。それはさも善きことで、何もその風をあえて封じることなどない。単純に喜んでいればいいのではないか。きっとそう思う人が多いと思います。

順風満帆という言葉もあるように、自分にとってプラスの風であれば、どんどんそれを受けて、手放しで喜べばいいと思いがちです。ところが禅では、そのプラスの風でさえも流されてはいけないと説いているのです。

人間というのは、自分自身が順調なときには、他人に目を向けることを忘れてしまいます。自分の心が「楽」に満ちているときには、他人の「苦」が見えなくなってしまうのです。自分が幸せに包まれているときには、隣にいる人の不幸せに心を寄せることはしません。

あるいは「誉」や「称」の風が自分の周りに吹けば、心は有頂天になってしまうでしょう。まるで自分の力で成し遂げたように思い、自分の力を過信してしまうのです。自信をもつことは素晴らしいことですが、それが度を越して慢心になれば、必ずそこにさまざまな軋轢が生じてくるものです。

喜びや楽しさ、あるいは称賛されたりというプラスの感情でさえ、心のなかに生じた大きな揺れであることを知っておく必要があります。つまり自分にとってプラスの感情も、またおだやかな心を奪っていくことになるのです。平常心を保てない原因は、マイナスの出来事ばかりではありません。プラスの出来事もまた、同じように平常心を奪っていくものなのです。

たとえば仕事で大きな成果を上げたとします。社内の評価も一気に上がることになるでしょう。もちろんそれは嬉しいことです。その嬉しさを感じるなというのではありません。しかし、その喜びを爆発させてはいけないのです。誰彼となく自慢をし、自らの喜びを喧伝《けんでん》する。そんな姿に美しさは見えません。あまりの喜びに平常心を忘れている姿。そんな姿はきっと、周りの人には醜いものと映っているでしょう。

心に芽生えてくる感情を、すべて心に閉じ込めておくということではありません。それらは素直に受け止めればいいのです。しかし、それらの感情にとらわれてはいけないということです。いつまでもその感情を引きずってはいけないのです。心に湧き上がってくる喜怒哀楽。それを素直に受け入れつつ、さっと流していくこと。心に吹いてくるさまざまな風を、さらりとやり過ごすことが大事なのです。

体露金風《たいろきんぷう》

目に触れるもの
そのものが
悟りの姿

「金風」というのは秋風のことです。山の木をにぎわせていた葉も、秋風に吹かれてすっかりと落ちてしまいます。もう少し紅葉を楽しみたいと願っても、秋風は容赦なく葉を散らしていきます。そうしてやがて木々はその幹を露《あら》わにします。

「体露」とはすべてが露わになっている状態を意味します。これこそが自然の計らい事であり、人間が立ち入ることのできない理《ことわり》です。目に触れる自然。それこそが悟りの姿そのものであることを意味した禅語です。

人間にとって、自然とはいったい何なのでしょうか。それは心を癒してくれる存在でもあります。休日に小高い山に登る。木々が吐き出す自然の吐息を胸いっぱいに吸い込みながら、落ち葉を踏みしめる音に心を寄せる。ただそれだけで心がおだやかになり、日々のストレスから解放されることもあるでしょう。波打ち際に佇《たたず》んでいるだけで、すーっと悩みが薄《うす》らいでいくこともあります。まるで波のなかに悩みが溶け込んでいくように、心が軽くなっていく。「自然とは素晴らしきもの」と感じる瞬間です。

ところがいったん大雨が降れば、山が崩れることもあります。土砂が家々を襲い、時に人間の命までをも奪ってしまう。大きな地震が起これば、おだやかな海は荒れ、津波となって人間のすみかを一瞬にして流してしまう。「自然とは恐ろしきもの」と感じる瞬間です。

自然とは素晴らしいものなのか、それとも恐ろしいものなのか。そこに答えはありません。自然というのは、良い悪いの二者択一で語るものではありません。ただそこに厳然として存在しているもの。春風が吹けば山はもえ、冬になれば姿を露わに見せる。日の明け暮れと共に潮が満ち、そしてまた引いていく。延々と繰り返されるその営みを前にして、人間はどうすることもできません。自然をコントロールする術《すべ》を私たちはもっていない。自然のなかに身を委ねて、共に生きていくことしかできないのです。

それは決して「諦める」ということでもありません。自然に対して「明らかに見極める」ということなのです。自然は相対するものではなく、共存していくものです。自然からの恵みを十分に受けながらも、自然に対する畏怖心《いふしん》をもっていなければなりません。畏怖の心を忘れ、私たちが傲慢《ごうまん》になったとき、大自然は牙をむくのです。

たくさんの葉と実を付けた木も、枯れ果てて姿を露わにした木も、一本の同じ木です。姿形は変えても、その本質は変わることはありません。そしてその本質のなかにこそ、最も大事なものが宿っているのです。

そして今一つ大事なことは、私たち人間もまた自然の一部だということを忘れないことです。動物や虫たちと同じように、人間もまた自然と共に生きている。自然のなかで生かされている。その思いを日々に感じることです。全く自然のない場所。完璧に人工的につくられた場所。そんな環境で人間は生きることはできません。その場所は人間から何か大切なものを奪い取っていきます。そうならないためにも、身近に自然の要素を取り入れていくこと。すなわち小さな自然を身の回りに設《しつら》えることです。

喫茶喫飯

きっさきっぱん

いま自分がやっていること。
そのものになりきることが
大事です

私たち禅僧にとっては、日々の生活すべてが修行だとされています。たとえば一杯のお茶を飲むことも、それは単なる休憩ではありません。だらしない格好でお茶をすすることなどありません。しっかりと背筋を伸ばし、お茶を飲むことにのみ心を集中させるのです。お茶そのものになりきった気持ちでいただく。

食事もまた同じです。お喋《しゃべ》りをしながら食べたり、新聞片手に食べることはしません。野菜を育ててくれた人や、魚を捕ってくれた人に対して感謝し、その食事になりきるように努めていただくのです。禅の修行においては、すべてがこの「喫茶喫飯」の心持ちでおこなわれているのです。

仕事は辛いもので、遊びや趣味は楽しいものだ。そう考えている人が多いようです。仕事をしているのはお金のためだけで、遊ぶためのお金が欲しいから仕方なく仕事をしている。もしもそのように考えているとしたら、その人は仕事にも遊びにもなりきっていないのだと思います。楽しいとか辛いというのは、仕事や遊びのなかにあるのではありません。それは自分自身の心のなかにこそあるものなのです。

一生懸命に仕事と向き合い、成功を収めている人たちがいます。そんな人たちと話をしていると、そこには共通した言葉があります。それは「仕事が楽しくて仕方がない」という言葉です。よくよく話を聞けば、相当な苦労をされていたりします。失敗を繰り返したり、なかなか成果が出なくて苦しんでいるようにも見えます。それでもなお、「仕事が楽しい」と言う。つまり彼らは、仕事になりきっているのでしょう。

仕事のなかに辛いことがあるのは当たり前のことです。うまくいかないことがあるのも当たり前のことです。しかし、彼らはそこから逃げようとはしません。何かのトラブルが生じたなら、そこから逃げるのではなく、渦中にあえて突き進んでいく。トラブルになりきっているのです。

目の前にトラブルが起きたとき、そこから逃げようとしたり、あるいは人任せにしようと考えるからおだやかな心を失うのだと思います。つまりは慌てふためいてしまうのです。

不安や心配事も同じことです。心配に思っていることも、いざその心配事が起きてしまえば、もうそれは心配ではなくなります。あれこれと心配している場合ではありません。ともかく何らかの解決策を見出すしかないのです。そんな状況になったとき、人間は意外と平常心を取り戻すことができるものです。

また遊びや趣味においても、その瞬間に集中することです。せっかく大好きな釣りに来ているときに、明日の仕事のことを考えてしまう。今週の仕事の予定を思い浮かべてしまう。そんなことをしては何もなりません。小舟に乗って、静かな湖面に釣り糸を垂らしている。小魚が釣り針の餌をつついている。浮きがほんの少し沈んだり浮かんだりしている。そんなとき、自分の心と釣竿はまさに一体化しているのです。こうして釣竿になりきる瞬間があるからこそ、釣りが楽しいと心から思えるのです。

いまあなたの目の前にあるやるべきこと。仕事であれ遊びであれ、そのものになりきってください。そこから目をそらすことなく、目の前のことに心を集中させてください。そうすることで、きっと苦しみや辛さは消えていきます。苦しさとは仕事のなかにあるものではない。苦しさや辛さというのは、そのものになりきれないあなたの心が生み出しているのです。

冷暖自知《れいだんじち》

何事も自ら
経験しなければ
分からない

「人の水を飲みて冷暖自知するが如し」（人は自分で水を飲んで、初めて冷たい熱いを知る）――これが元来の意味です。何事も、頭で考えているだけでは真実は分からない、自らの身体と心で経験することこそが大事だ、ということです。

現代はバーチャルの時代です。コンピューターやテレビからは、美しい映像が流れてきます。技術の進歩によって、まるでそこに自分がいるかのような錯覚にさえ陥《おちい》るときがあります。しかし、それはあくまでも虚構と幻想の世界に過ぎません。それら美しい映像や多種多様の情報を楽しむことは悪いことではありませんが、どこかでそれが虚構の世界であることを意識しておいたほうがいいでしょう。なぜなら、虚構の世界には虚構の幸福しか存在しないからです。

たとえばテレビで流される旅番組。知らない土地や風景に心が躍《おど》ります。行ったこともないのに、実際に行ったような気分にまでさせてくれます。それは楽しいひとときでしょう。しかし、実際にその場に行ってみると、画面からは伝わらないことがたくさんあります。

なだらかそうに見えた坂道が、意外にも急だったりする。晴れているときの風景は素晴らしいのですが、曇り空の下ではもの悲しく見えたりもする。吹いてくる風や匂いは、想像していたものとは違っていた……。虚構の世界と実際の世界では、それほどまでに大きな違いがあるのです。その違いを自らが感じることこそが、生きるということだと私は思います。

私たちの人生は虚構ではありません。晴れの日もあれば、雨に濡れる日もある。楽しいことばかりが続くはずはなく、むしろ辛く苦しいことのほうが多かったりする。いいときもあれば悪いときもある。そのすべてを自分で受け止めることにこそ価値があるのです。嫌なことからは目を背《そむ》け、虚構の世界に逃げ込む。それは一見すると楽なようにも思えますが、決してそうではありません。現実から目を背ければ背けるほどに、人生の幸福は遠ざかっていくものです。

人間には五感、すなわち視覚・嗅覚・聴覚・味覚・触覚という素晴らしい能力が与えられています。この五感を駆使して、自らの力で体感することです。道端に咲く花の匂いを嗅ぎ、木々の間をくぐり抜けてきた風の音を聞く。石の硬さを手で味わい、真っ青な空を眺める。時には暴風に耐え、自然への畏怖を感じ取る。

そうすることで、人は自分が確かに生きているという実感を得ることができます。ここに自分がいるのだという存在感をもつことができるのです。

そして、人生の体験のなかには、無駄なものは一切ありません。苦しみや悲しみに出合ったとき、人はそこから逃げようとするものです。逃げ出したくなる気持ちはよく分かります。しかし私たちは、ゲームをリセットするように、その悲しみや苦しみを簡単に消し去ることなどできません。生きている限りは、それらを受け止めるしかないのです。そして多くの苦しみを受け止めるという経験を重ねることで、私たちの心は強くなっていきます。苦しみと戦う強い心と、悲しみをやり過ごす柔軟な心を身につけていくのです。冷暖どちらにも、それぞれの意味があるのです。

形直影端

かたちなおければかげただし

姿勢を正せば、
自ずと生活も
整います

この禅語を直訳すれば、「体の姿勢、つまり形が正しく美しければ、その影もまた端正なものになる」という意味です。禅僧の修行のなかで最も大切とされる坐禅。その坐禅のときに、姿勢を正して坐《すわ》ることの重要性を説いた言葉です。

私たちの心と体は、常に一体となっています。病は気からという言葉もあるように、心が整っていれば、自然と体も健康になる。反対に体の調子が悪いときには、心もざわつくものです。不要な不安に襲われたり、あるいは雑念が湧き出してきたりします。心と体は常に一体であり、影響し合っていることを忘れないでください。

私たち禅僧は、修行中、通常毎朝4時には起床します。まずは洗面を済ませ、すぐに坐禅、その後、朝のお勤め（朝課）です。そして、堂内や廊下の隅々まで拭き掃除をします。それから天気にもよりますが、境内に出て、庭をきれいに掃除します。

毎日掃除をしているのですから、お寺が汚れていることはありません。それでも一生懸命に掃除をするのは、単にお寺をきれいにするという目的だけでなく、自分の心を磨くという目的があるからです。庭を掃き清めながら、自身の心を清めているのです。美しい場所には、美しい心と体が宿ります。この考え方こそが、禅の教えるところなのです。

心と体を整えるには、日々の生活を美しくすることです。

たとえば毎朝、慌ただしく起きるのではなく、余裕をもって起床する。窓を開けて部屋の空気を入れ替え、さっと布団を上げる。部屋の掃除をするのもいいし、玄関の履物をそろえるのもいいし、ともかく家のなかを美しくします。時間がないことを理由に、布団を敷きっ放しになどしてはいけません。

そしてそれが終われば、静かに坐禅を組んでみてください。ほんの5分程度でも構いません。丹田に意識を集中させながらゆっくりと呼吸をしてみてください。そうすることで心がすっきりと整ってきます。心が整えば、体の調子も整います。心と体が整った状態で一日に臨むこと。その心掛けこそが、豊かな日常へと導いてくれるのです。

心と体が整った、美しい佇まいの人。そういう人の所には、同じように美しい心をもった人が集まってきます。つまりは「よい縁」が向こうからやって来るのです。反対に怠惰な風情で、体にも覇気《はき》を感じられない人には、「悪い縁」しか集まってきません。「類は友を呼ぶ」とはそういうことです。

人は見た目ではない、だらしない格好をしていても、心がきれいであればいい——そう言う人がいます。しかし、それは違います。なぜなら、だらしない格好をしている人で、心も体も美しいという人などいないからです。見た目の向こう側には、必ずその人の心が透けて見えるもの。その人の生活が垣間見えるもの。人間とはそういうものなのです。

日々の生活習慣を整えることで、心と体は美しいものとなります。規則正しい生活をし、自分を律する心をもつことが大事です。そういう意味で、この禅語の「影」とは、まさに「心」を意味しているのです。

独坐大雄峰《どくざだいゆうほう》

いまここに生きて
いることが
有難いこと

一人の僧侶が、百丈懐海《ひやくじようえかい》禅師に問いました、「如何なるかこれ奇特事」と。訳せば「仏法において有難いこととは何なのですか」ということになるでしょう。もっと意訳するなら「人生にとっての幸せとはどこにあるのか」という問いになるのかもしれません。この問いに百丈禅師が答えた言葉が「独坐大雄峰」でした。「大雄峰」とは、中国唐代に活躍した百丈禅師が住む百丈山のことです。その山に確かに自分は独り坐り坐禅を組んでいる。いまこうして自分は生きている。そのこと自体が有難いことであり、そこにこそ幸せは宿っているのだと。

私たち人間は、誰しもやがて死を迎えます。死を回避できる人間はひとりもいません。そんなことは誰もが知っていることですが、常に心に死を思う人は少ないでしょう。余程の大病でも患わない限り、私たちは意識のなかから死を遠ざけようとするものです。特に年齢が若い頃には死は遠い存在に感じます。まだまだ自分は若いのだし、人生に残された時間はたくさんあると思っています。朝目が覚めるのは当たり前のことで、明日という日は必ず来るものだと信じ込んでいます。もっと言うなら、いま生きていることにさえ気がつかずにいます。でも、生きていることはとても有難いことだと知ることです。

私たち僧侶は、いつも心のなかに死を抱いています。それはマイナスのことでも消極的な考えでもありません。なぜならば死を意識することは、すなわち生を意識することと同じだからです。たとえばいま、何らかの悩み事を抱えているとします。物事がうまく進まず苦悩ばかりを繰り返しています。誰にもそんな場面は必ずあるものです。しかし考えてみてください。何かに苦しんだり、悲しみを抱えたりすることができるのは、生きていればこそです。死んでしまえば、もはや悲しみや苦しみを抱えることはありません。

しかしその一方では、死んでしまえば楽しみや喜びをも感じることは二度とできません。喜びも苦しみも悲しみも、生きていればこそ味わうことのできる感情。それを真正面から味わうことこそが生きている実感、人生というものです。

生は限りあるものです。そしてその終焉《しゅうえん》はいつやってくるかはわかりません。であるからこそ、今日やるべきことを明日に延ばしてはいけないのです。

私は可能な限り、今日やるべきことは今日やることを心がけています。今日はもう面倒だから、明日に回してしまおう。何も今日やらなくても、明日でも十分に間に合うだろう。そう考える人も多いと思います。明日でいいやと思うことは、明日も生きていることを前提に考えているからです。もちろん私も明日の命を信じてはいますが、それは保障されたものではありませんし、明日という日は来ないかもしれません。それは恐れでも不安でもなく、命とはそういうものであることを意識しているのです。

いまこうして生きているという有難さに目を向けてください。少しでもその思いをもつことができれば、絶対に無為な一日を過ごすことはなくなることでしょう。あなた自身がいまいる大雄峰。そこには苦しみも悲しみも共にあるかもしれません。しかし、その苦しみにさえも感謝の心をもってみることです。毎朝目が覚めることの奇跡に感謝の心をもつことです。

眼横鼻直

がんのうびちょく

ありのままの自分でいることが、
平常心につながっていくのです

眼は横に並び、鼻は縦にまっすぐについている。「眼横鼻直」という禅語を直訳すればそういうことになります。この言葉は道元《どうげん》禅師が帰国されたときにお話しになった言葉として伝えられています。

道元禅師はこの言葉を通して、弟子たちに何を伝えようとしたのか。それは「ありのままの姿をありのままに受け止めること。そうすれば心を乱すことなく生きてゆける」という教えを説いたのです。

何も着飾ることをしないでも、ありのままの自分で生きること。ありのままの自分をしっかりと受け止めて、無理をしないで生きること。誰もがそんな生き方をしたいと願っていると思います。そんな生き方さえできれば、道元禅師が言われるように心おだやかに暮らすことができるでしょう。ところがそれは、意外と難しいことでもあります。

私たちは社会のなかで生きている限り、さまざまな人との関係を築いています。あるいは与えられた役割というものももっています。そのなかにおいて、どこかで無理をしなければならない場面も出てくるものです。

時には自分の能力を超えた役割を与えられることもあるでしょう。自分がもっている性格とは真逆の役割を強いられることもあるでしょう。本来の自分ではないのですが、その役割は果たさなければならない。部下に対して、厳しく叱責しなければならないときもあります。部下を厳しい言葉で叱責する。このときに平常心を失っているのは、部下のほうではなくてじつは無理をして叱責しているほうなのです。

こうした状況が続くと、ストレスが蓄積され、やがては自分の姿を見失ってしまうことになります。「本来の自分の姿」を見失うとどうなるのでしょうか。それは自分らしい人生を見失うことになります。自分の姿を見失ったとき、人は歩むべき道が分からなくなっていくのです。ありのままのではどうすれば「ありのままの自分の姿」を見失わずにすむのでしょうか。その答えは、常に自分自身の心に問いかけることです。自問自答をすること。いまの自分が本来の姿なのか。どこまで自分の心に無理を強いているのか。はたしていまの自分は平常心を保っているのか。その問いかけを自分自身になげかけることです。

何がありのままの姿なのか。その答えを見つけることができるのは、あなた自身であることを知って欲しいと思います。

自問自答という行為は、自然と対峙しているときの心の状態に似ているのかもしれません。自然と対峙しているとき、私もどこかで自分自身に問いかけているような気がします。はたしていまの自分は、与えられた本分を全うしているだろうか。ありのままの姿を見失うほどに無理をしていないだろうか。本意ではない行動をとっていないだろうかと。それは反省という類《たぐい》のものではありません。心の再確認とでも言えるものなのでしょう。

無理をしたり、見栄を張ったり、心にもないことを言ってみたり。そんなことは社会に生きていればいくらでもあります。いつもおだやかな心を保っている人間などいないと思います。それが社会の波というものです。

その社会の波に飲み込まれないためにも、ありのままの自分という一本の基軸をしっかりと見据えておくことです。その軸さえはっきりとしていれば、波に流されることはありません。何があろうが揺らぐことのない自分自身の軸。それを見つけるためにも、日々に自問自答をすることです。朝の5分。寝る前の5分でかまいません。自分の心と対話をしてください。

日々是好日《にちにちこれこうにち》

毎日を
かけがえのない日と
なるよう生きる

読者の皆さんも一度は聞いたことのある有名な禅語です。人生というのは素晴らしく、毎日が好日である。生きているだけで楽しい。人生は素晴らしい一日の連続だと。そんな解釈をする人もいますが、じつはこの禅語はそんな短絡的な意味ではありません。

たとえば一年のなかにも晴れの日と雨の日があります。毎日が清々《すがすが》しい晴れの日ばかりではありません。時には風雨が強まる一日もあります。

快晴の日が楽しくて、雨が降る日はつまらない。禅ではそのようには考えません。晴れの日には晴れのよいことがあり、雨の日にもまた雨の日にしか味わえないものがあります。

どちらがよい悪いということではなく、それぞれのよい所に目をやること。その大切さを説いているのです。

人生もまったくこれと同じです。物事がうまく運ぶ日もある。楽しいことがあり、気分がとてもよい日もある。一方では、何をやってもうまくいかない日もある。苦しいことやつまらないことばかりに見舞われる日もある。いや、そちらのほうが圧倒的に多いのが人生というものです。

楽しみに包まれた一日も、苦しみに襲われた一日も、人生のなかにおいては同じ一日です。それはどちらがよい悪いということではなく、どちらも自分にとってはかけがえのない大切な一日なのです。

楽しい日々ばかりを望んでも、それは叶わない。苦しい日々を恨んだところで仕方がない。どちらも淡々と受け止める心をもつことです。

そのためにはどうすればよいでしょうか。それは日々の喜怒哀楽にいちいちとらわれることをせず、同じように一日を受け止めていくことです。昨日と今日を比べても仕方がありません。昨日が楽しくて今日がつまらなかったとしても、それは人生のなかで見ればどちらも同じもの。私たち僧侶というのは、そんな心を身につけるべく修行に励んでいるとも言えます。

よい一日と悪い一日。それを決め付けているのは、じつは自分自身の思い込みにすぎません。たとえば同じことが起こったとしても、それを喜びと感じる人もいれば苦しみと感じる人もいます。起きたことそのものではなく、心が善し悪しを決め付けているのです。

日々に押し寄せてくる感情にばかり左右されないことです。喜びの感情を爆発させることを慎み、苦しみの感情に顔を歪めることもしない。そんな心持ちで生きることが、結局は自分にとってのよき日を生み出すことにつながっていくのだと思います。

もしもあなたがいま、喜びの感情に溢れているのであれば、少し頭を垂れて歩くことです。いたずらに喜びを喧伝することなく、慎み深い振る舞いを心掛けることです。その姿に周りの人は、信頼や思いやりの心を感じ取るものです。

反対にいま、苦しさを抱えているのであれば、頭を上げて歩くことです。俯《うつむ》くことなく、まっすぐに前を見据えて堂々と歩く。その姿が周りの人たちに勇気と希望を与えることになります。

雨の日にこそ、明日の晴れを信じて前を向くこと。毎日がかけがえのない一日です。

第2章

人づきあいの心得

挨拶《あいさつ》

人づきあいが
下手だと
思っている人へ

日常的にされている挨拶。じつはこれは禅のなかから出てきた言葉なのです。禅僧同士が出会ったときに、相手の力量を確かめるために問いかけをする。その問いかけに対して問いかけられた相手が答える。そして、更に、問答をかけてきた相手に対して、問いかけられた禅僧が問答をかけ直す。この問答のことを指して「挨拶」というのです。つまり、この挨拶は修行の深さをはかる始めの言葉と言ってもいいでしょう。

すべての物事は、一瞬で成るものではありません。一瞬にして成ったように見えても、必ず長い時間の積み重ねがあります。その努力の結果として、物事は進んでいくのです。それが世の真理であると私は思っています。一瞬にして物事が進むことはありません。それは人間関係についても同じではないでしょうか。たとえば初めて会った人と飲み会などで盛り上がり、一夜にして古くからの友人のようになることもあるでしょう。そのようなときは、一気に心の距離が縮まったような気分になるものです。たしかにそういうことはあると思います。しかし、そこで築かれた人間関係が、はたして深いものでしょうか。心を分かち合えるような関係でしょうか。

人づきあいが上手い・下手という言い方があります。お喋りがとても上手で、すぐに親しくなれる。その一方で人づきあいが下手な人というのは、口下手だったり、上手に話すことができないということでしょう。しかし、そもそも人づきあいに上手いも下手もないのです。もしも人づきあいが上手になりたいのであれば、もっと積極的にお喋りをすればいいだけのこと。他人に対する気遣いを身につけることです。

それでも、なかなか自分のほうから積極的に話しかけることができない。うまく自分を表現することができないという人もいるでしょう。そんな人がいるとすれば、お勧めしたいことがあります。それは、日々の挨拶を欠かさないということです。

毎朝会社に行く。そこで出会う人に「おはようございます」と元気に声をかけることです。会社を退社するときには「お先に失礼します」と声をかけること。簡単なことです。「そんなことは当たり前のことだ」と言う人もいるでしょう。しかし、よく観察してみてください。いわゆる人づきあいの上手な人というのは、自然と日々の挨拶をしているものです。一方で下手だと言われている人の多くは、下を向いたままで歩いている。同僚に会っても、消え入るような声で挨拶をする場合が多いと思うのです。相手には届かないその挨拶は、何の意味ももちません。

もしもあなたが人間関係を築きたいと思う人がいるのであれば、とにかく毎日「おはようございます」と大きめの声で挨拶をすることです。始めのうちは記憶に残らなくても、3カ月もすれば自然と顔を覚えてくれます。さらに半年も経てば、エレベーターホールで少しの会話も生まれてくるでしょう。そして1年後には、二人で食事に行くことになるかもしれません。

人間関係を築くには、それなりの時間が必要だと思います。少しずつ互いの人となりを分かり合う。流暢《りゆうちよう》に話さなくても、少しずつの会話を積み重ねることで、互いの信頼関係は深まっていくものです。

人との関係を築くとき、焦ってはいけないということです。すぐに親しくなれなかったからといって諦めてはいけません。ゆっくりと育まれた関係は、きっと長きにわたって続いていくものだと私は信じています。

悟無好悪

さとればこうおなし

色眼鏡をかけたままで
人を見ないようにしましょう

私たちは、つい評判というものに縛られがちです。たとえば初めて会うことになったAさん。いったいどんな人なのだろうと思います。そこでAさんの知り合いに聞いてみる。「Aさんって、どんな人ですか？」と。聞かれたほうの人は、無責任にAさんに対する評価を述べるでしょう。「とても誠実で素晴らしい人物ですよ」。こうした好意的な評価もありますが、その人物の欠点をあげつらう人が多いのです。「一見すると人当たりはよい人ですが、腹のなかには一物《いちもつ》をもっていそうですよ」などとマイナスの評価を言葉にします。他人の欠点を探すことを楽しんでいるとでも言いましょうか。人間にはそうした心理が潜んでいるのかもしれません。

さて、「一物をもっている」と教えられた人は、その色眼鏡をかけたままでAさんに会うことになります。会ってみるととても誠実そうで、人当たりもいい。「いい人だな」と自分では感じつつも、どこかでマイナスの評判が付きまとっています。心からAさんのことを信頼できないということになるのです。

そんな状態で善き人間関係が築けるはずもありません。こうしたとき、その関係を悪くしているのは誰でしょうか。Aさんのことを悪く言った知り合いでしょうか。それともそんな評判を立てられる当人、つまりAさんでしょうか。どちらにも責任はありません。その人間関係を悪くしているのは、色眼鏡をかけたままでAさんのことを見ている自分自身であることを知っておく必要があります。

「噂では生意気な人だと言われていましたが、実際に会ってみればそんなことはまったく感じられなかった」。そう思った経験は誰にもあるはずです。

反対にいい噂というものも、実態よりも良く見せることがあります。「あの人は素晴らしい人物だ」という噂を聞いていれば、初めから好意的にその人物を見るでしょう。ある意味では実態以上にその人を美化しているわけです。これは一見するといいようにも思えますが、じつはこうしたプラスの噂もまた、場合によっては色眼鏡をかけていることになるのです。

誰かとの人間関係を築くとき、その主人公はあなた自身です。あなた自身がその人をいい人だと思うのであれば、他人の評判などまったく関係はありません。あなた自身が嫌だと感じるのであれば、その関係を無理して築くことはありません。もしもあなた以外の誰かの評価を気にしすぎれば、それはあなたの人間関係とは言えません。

先入観というものをついもってしまいます。相手の肩書きを見るだけでその人物を評価したりする。学歴や会社名などにも先入観をもってしまう。そのすべてを取り払うことはできませんが、せめて色眼鏡の濃さを薄くすることです。

子供だった頃、誰もが曇りのない眼をもっていました。美しいものは美しい。正しいものは正しい。そこには何ら策略や計算はなかったのです。ところが大人になるにつれ、人は何種類もの色眼鏡をかけるようになってくるのです。しかし、その眼鏡の奥には、必ずや純粋な心が残っています。

ほんの一瞬でもいいのです。すべての色眼鏡を外してみてください。そこに見える風景こそが、あなたの本心なのです。

その本心と出合ったときに、誰かに対する好き嫌いは薄れていくでしょう。「悟無好悪」とはそういう意味です。

一期一会《いちごいちえ》

この一時に生きる

「一期」とは人間の一生のこと。「一会」とはただ一度きりの会合を表わしています。

この世は一時たりとも、とどまってはいません。常に移ろっています。いまというこの時間も、過ぎてしまえば二度と戻っては来ません。たとえ同じことを同じ相手としていたとしても、それぞれがたった一度きりのもの。その一時を大切にしながら生きていくことを示唆した言葉です。

この言葉は、誰かとの出会いばかりを意味しているのではありません。その時々の自らの心持ちにも目を向けることを説いていると私は解釈しています。

たとえば、忙しいなかにもふと心に浮かぶことがあります。「両親は元気にしているだろうか」と。その一瞬の思いに目を向けること。両親のことを思い出したのであれば、すぐに電話をかけることです。

「元気でやってる？」の一言でいいから、声を聞かせてあげる。時間にすれば1分もかかりません。しかし実際には「また夜にでもかけてみよう」と、その場をやり過ごす人が多いものです。結果として夜になればすっかり忘れてしまっていたりします。心に湧き出た一瞬の思いをやり過ごしてしまうことで、それが後悔となることもあります。

私の知り合いのＢさんは、母親ががんになり、余命半年と診断されました。できるだけ母親のそばにいてあげたいと、月に二度は東京から実家のある関西に帰ろうと思いました。余命を知っているお母さんにしてみれば、Ｂさんの顔を見るのが唯一の楽しみです。

ある土曜日に実家へ帰る予定をしていたＢさんでしたが、仕事で疲れていることを言い訳にして、翌週に延ばすことにしたのです。母の顔を見たいのは山々でしたが、まあ来週に帰ればいいかとつい見送ってしまった。電話でそのことを告げると、お母さんは寂しそうに言いました。「無理をしなくてもいいのよ。でも来られるのなら来週には顔を見せてね」と。少しの後悔を感じながら、その日は帰りませんでした。

そして翌週の土曜日。新幹線に乗っているときに、Ｂさんの携帯電話が鳴りました。「いま、母さんが息を引き取ったよ」。お兄さんからの知らせでした。

Bさんは車内で一人、声を殺して泣きました。その涙は、母親を失った悲しみより大きな、どうして先週帰ってあげなかったのかという後悔の涙でした。疲れていようと、先週帰っていたなら、せめて最後の言葉を交わすことができたのに。「顔を見せてね」という母親の声が聞こえてきました。

人は生きていくなかで、たくさんの後悔を抱えるものです。一つたりとも後悔のない人生などありません。どんなに尽くしても、後悔の念を拭い去ることはできません。それが人生というものです。

しかし、「一期一会」の心をもって生きることで、ほんの少しの後悔は消し去ることができます。いまの自分自身の心としっかりと向き合い、そして行動に移していく。心に浮かんだ思いをないがしろにすることなく、その小さな思いを大切にする。そんな心掛けをもつことで、後悔の念は小さくすることができると思うのです。

白雲自在《はくうんじざい》

人の心も
白雲のごとく
融通無碍《むげ》に

空を見上げれば、白い雲が風に乗って流れていきます。雲は何のこだわりももたず、自由自在に大空を流れていく。人間の心もまた、この白雲のごとく自由でありたいものです。心のなかに巣食っているこだわりや執着《しゅうじゃく》心《しん》を捨てて、自在に生きていくこと。そのために禅の修行があることを説いている言葉です。

こだわりの心は、往々にして悩みを生みます。たとえばいまの会社や仕事に対して。それがあまりにも強ければ、自在な心は失われていきます。こだわるあまりに、もしも会社をリストラされたらどうしようという心配事が生まれてくる。自分の仕事に執着するあまり、他の仕事に目を向けることができなくなる。自分がやるべき仕事はこれしかない、などと。

ほんとうにそうでしょうか。もしかしたら、もっと自分の力が発揮できる場所や仕事があるかもしれません。会社は一つではないですし、社会には実にさまざまな仕事があります。安易に転職を勧めているわけではありません。ただ、あまりに一つのことにこだわり過ぎると、自分を見失ってしまうことになりかねないということです。

人間関係もしかりです。いまの人間関係を絶対に壊したくない。そこにばかり執着することで、逆に関係がぎくしゃくしたりする。こちらがこだわりをもち過ぎることで、相手にとっては負担になってくる。人と人との関係とはそういうものです。

幼いころからの友情が、長く続くという場合があります。生涯にわたってつきあえる友。それは素晴らしい関係だと思います。そのような友人関係を見ていると、どちらにも不思議とこだわりがありません。一カ月に一度は会おうとか、必ず互いの誕生日はお祝いをしようとか、そういった決め事が一切ない。会うときには一カ月に何度も会うこともあり、会わないときには一年も連絡を取り合わないこともある。それでも互いの存在は心から消えることはない。まさに風任せの自由自在なつきあいをしているのです。

互いに無理をすることなく、自然な関係を保っていく。これが長続きの秘訣《ひけつ》なのだと思います。

「周りに流されて生きる」。それはよくないことだと言われます。確かに自分というものをもたずに、ただ流されているだけではいけません。しかし、自分という芯をしっかりともちながら、大きな流れに乗ることはいいことだと思います。

加えて言うならば、自分の芯をもたずに流されるということは、行き先が分からないということです。誰かによって行きたくもない場所に流されてしまう。気づいたときには行きたくもない場所に連れていかれる。それは自分の人生とは言えません。

自分の行き先を見失うことなく、かつ自分に流れてきた風を感じ取り、その風に乗ってみる。元いた場所や自分にこだわりをもたず、時にはあえて吹いてきた風に流されてみる。きっとそこからは、これまでとは違った風景が見えるはずです。人生は自在に楽しむことが大切です。

山花開似錦

さんかひらいてにしきににたり

移りゆく
ことこそが
永遠の真理

山に咲き誇る美しい花々。それは決して永遠のものではありません。ずっと美しい姿でいることはできない。やがて花は散り、寂寥《せきりよう》とした風景に姿を変える。それでも次の季節が巡れば、再び山には美しさが戻ってくる。この世にあるすべてのものは、常に移り変わっている。移りゆくことこそが、永遠に変わらぬ真理であることを教える言葉です。

私たちの人生もまた同じです。いま自分がいる場所や置かれている状況。いま自分が抱えているもの。苦しみであったり悲しみであったり、あるいは喜びであったり。あるいはいまの自分の周りにいる人たち——それらすべては、決して留まっているものではありません。現在あるものはすべて、未来には形を変えていきます。留まっているものなど何一つありません。この真実を心しておくことです。

すべてのものは移ろっていきます。その真実から目を背け、私たちはつい執着心をもってしまいます。いま自分がいる場所にずっといたい。いま自分がもっている人間関係を失いたくはない。いまのこの幸せを何としても維持していきたい……移ろうことを恐れ、上辺だけのことに執着している。そこから苦しみや悩み事が生まれてくるものなのです。

反対に、いま自分は苦しみのなかにいるとします。何とかこの苦しみから抜け出そうともがくのですが、一向に抜け出せる気配がない。もしかしたら自分は、一生この苦しみから抜け出せないのではないか……このように、いまがどん底だと感じている人もいるでしょう。

しかし、考えてみてください。もしもどん底なのであれば、これ以上落ちることはありません。後は上に登っていくだけです。生まれてから死ぬまで、ずっとどん底のなかにいる。そんな人はいません。生まれてから死ぬまで、常に花を咲かせる人もまたいません。人生のなかには数えきれないほどの浮き沈みがあります。その浮き沈みにいちいち悩んでいたら、それこそ生きていくことはできないでしょう。

すべての物事を、「たまたま」と捉《とら》えてみてはいかがでしょう。いまこの場所にいるのもたまたま。いま背負っている苦しみも、たまたまやってきたもの。お金があることもたまたまですし、お金がないこともたまたま。そしてこの「たまたま」の状況は、いずれ移り変わっていくと考えることです。もしもいま、会社の人間関係に悩んでいる人がいるとすれば、「いま、私はたまたまこの会社にいるだけだ」「たまたまこの人と一緒に仕事をしているだけだ」と考えてみてはいかがでしょう。「この先もずっと定年までこの会社にいる」と考えることで、心は縛られてしまうのです。実際に定年までいるかどうかは別として、少なくともそれに縛られないことです。先のことなんて、ほんとうは誰にも分からないのですから。

人生の移ろいには、人知を超えたものがあります。自分の力ではどうにもならないことがあるものです。そうであるならばいっそ、その大きな流れに身を委ねることも必要だと思います。むやみにもがくことをせず、再び花が咲く季節をじっと待ってみる。命がある限り、必ずや花は咲くものです。

杓底一残水《しゃくていのいちざんすい》　汲流千億人《ながれをくむせんおくにん》

人の目の
届かないところで
こそ徳を積む

道元禅師は毎朝、仏様に供える水をお寺の近くを流れる谷川で汲《く》んでいました。水を汲み終わったときに、柄杓の底には少し水が残ります。普通ならばそれくらいの水はその辺りに撒《ま》いてしまうものです。しかし道元禅師は必ず、残った柄杓の水を川に戻していました。

たとえ少しの水でも無駄にしてはいけない。下流の人たちも使う水なのだから、一滴たりとも疎《おろそ》かにはしない、と。物を大切にし、誰も見ていなくても徳を積むことの大切さを教えようとしたのです。

誰もが徳を積みたいと願っているでしょう。世の中の役に立つような人間になりたいと。では、徳を積むためにはどうすればよいのでしょうか。

仏教では、徳を積むためにはただ善き行ないをしなさいとしか言っていません。悪《あ》しき行ないをすることなく善き行ないをする。当たり前過ぎることです。そしてさらに言うならば、仏教は何が善き行ないであるかも提示していません。要するに自分自身の心に問いなさいということですが、これはなかなか難しいものです。

自分ではよかれと思って行動したことが、相手を傷つけることもあります。あるいは、自分ではよくないと感じていても、やらざるを得ないということもあるでしょう。ただ一つだけ思うことは、善き行ないというものは、決して誰かのためにするものではない。結局は自分自身へと返ってくるということです。

建功寺の境内を歩いていたとき、お墓参りをしている一人のご婦人を見掛けました。丁寧にお墓の掃除をして、きれいな花を供え、お参りを済ませてから、ご婦人はふと隣のお墓に目を留めました。隣のお墓はすっかり汚れて、雑草も伸び始めていました。

特に知り合いではありませんが、お隣のお墓には毎回お年寄り夫婦がお参りしていることを知っています。お互いにお参りで一緒になれば、会釈を交わす程度の間柄です。きっとお隣さんは、年齢のこともあり、お年寄りが来ることはなかなかできないでしょう。そこでご婦人は再び水を汲みに行き、お隣のお墓掃除を始めたのです。自分のお墓掃除だけでも大変なのですが、見ず知らずの方のお墓まで掃除をしていたのです。

もちろんお隣さんが、そのことを知る由《よし》もありません。「ありがとう」

の言葉が返ってくるわけでもありません。それでもそのご婦人はご自分のお墓と同じように、丁寧にお隣のお墓を磨いていました。きっとそのご婦人は、お隣のお墓を磨きながら、自分の心を磨いていたのではないでしょうか。

たとえその善意が誰かに伝わらなくても、自分自身が善きことをしているという満足感がそこにはあります。誰かに認めてもらいたいからやるというわけではないでしょう。何かの損得を考えてやるのでもありません。ただ自分の心のなかにある善意に従って行動をしていく。この小さな善意こそが、人間の徳というものにつながっていくのだと思います。

私はご婦人に向かって、遠くから手を合わせました。

愛語《あいご》

思いやりのある
言葉づかいを
心がけることです

人と人との関係の基本になるもの。それはやはり言葉ではないでしょうか。自分の考え方を伝えるのも言葉。相手の心を知るのも言葉。言葉のやりとりによって私たちは、互いの絆をつくっているのです。たとえ長年寄り添ってきた夫婦とて同じことです。「いちいち言葉にしなくても分かってくれる」。そんなことを言う人もいますが、それはとても傲慢な考え方だと思います。言葉のすれ違いは、やがては心のすれ違いになっていくこともあります。そのことを忘れてはいけません。

人と人をつなぐ大切な言葉を蔑《ないがし》ろにしてはいませんか。あなたが日々にかける言葉。その言葉を今一度思い返してください。あなたの言葉は誰かを傷つけていませんか。あなたの言葉に、相手に対する思いやりが欠けていませんか。自分中心の言葉ばかりで埋め尽くしていませんでしょうか。あなたが発した心ない一言。その一言を、あなた自身は忘れても、相手は忘れることはありません。それが言葉の重みというものです。

「売り言葉に買い言葉」という言い方があります。相手が言った一言にカチンとくる。そこでついこちらもキツイ言葉を返してしまう。言葉の棘《とげ》がぶつかり合い、どんどんお互いに感情的になっていくことを言います。そんな経験は誰にでもあると思います。

すぐに言葉を返すことは避けるようにしましょう。感情をそのまま言葉に乗せてはいけないのです。たとえカチンときても、ほんの少しだけ返すタイミングをずらし、一旦言葉を飲み込むことです。それは互いの関係のためだけでなく、自分自身のためでもあるのです。

「腹が立てば、お茶碗を投げて割ってしまえばいい。そうすると心がスッキリする」と、昔からそう言われていたものです。しかし心理学の学者によると、それはかえって逆効果になると言います。怒りの感情をお茶碗にぶつける。するとお茶碗を割ったことで、スッキリするどころか、かえって怒りの感情が増してくるのだそうです。

言葉もこれと同じではないでしょうか。自分の怒りをきつい言葉で相手にぶつけてしまう。その行為によって、ますます自分の怒りが増幅してくるのです。おだやかな心を保つどころか、自分自身のコントロールができなくなってしまうのです。そうなれば損をするのは自分のほうです。

「愛語」というのは、道元禅師の『正法眼蔵《しょうぼうげんぞう》』のなかに出てくる言葉です。「触れ合うひとたちに思いやりの心をもって接しなさい。相手の気持ちを思い、優しい言葉をかけなさい」と道元禅師は説いています。

怒りの感情が湧きあがってくることもあります。相手の言葉にカッとすることもあるでしょう。それは仕方のないことです。それでも、ほんの少しだけ言葉の刃《やいば》を丸くすることはできるはずです。相手に言い返そうとしたそのとき、一瞬でもいいですから「愛語」という言葉を心に思ってください。その一瞬の時間のなかで、言葉の刃は少し丸くなるものです。

言葉のやりとりというものは、ひとりではできません。あなたが発した言葉に鋭い刃があれば、それはそのままあなたのところに返ってきます。自分で自分を傷つけているのと同じなのです。あなたが言葉を丸くすることで、きっと相手の言葉も変わってくるでしょう。あなたが思いやりある言葉を発すれば、必ず相手の言葉も優しくなってくるものです。

あなたが「愛語」で接してもなお、相手が言葉の刃を向けてくるのであれば、そんな関係は切ってしまってもいいのではないか。私はそう思います。

感応道交

かんのうどうこう

お互いに信じ合う関係

師と弟子の心が互いに通じ合い、信じ合う関係を築いていく。そんな関係ができていれば、たとえ師が亡くなってしまった後にも、その意思を弟子は受け継ぐことができる。弟子が進むべき道を見誤ることはない――それが「感応道交」の意味するところです。

心から信じ合える関係とは、誰もが望むことではありますが、現実にはなかなか難しいものです。では、何がその関係を邪魔しているのでしょうか。それは、それぞれが身につけている社会の鎧《よろい》なのです。

肩書きや立場、あるいは損得勘定などという鎧を身にまといながら人との関係を築いていく。そんなところに信じ合える関係が生まれることはありません。まずは自分自身の鎧を脱ぎ捨てること。丸腰になって相手と向き合うことです。

千利休が設えた茶室は、まさにお互いが丸腰になるという状態を作り出しました。武士といえども茶室に刀を持ち込むことはできません。商人といえども、そこに損得勘定を持ち込むことは許されません。一旦茶室のなかに入れば、すべての人間が丸腰の心になる……そんな空間を作ることで、利休は茶の心を伝えようとしたのです。

お互いに鎧を脱ぎ捨てて向き合う、こうした空間が現代社会にあるとすれば、それはお寺ではないかと私は感じています。私が住職を務める建功寺にも、たくさんのお檀家《だんか》さんがお墓参りに訪れます。境内で出会えば、皆さんが私に向かって会釈をしてくれます。私も立ち止まり、皆さんに向かって手を合わせます。特に話をすることがなくても、ただそれだけで心が通じ合った気持ちになるものです。どうしてそのような気持ちになるのでしょうか。それはきっと、世間の鎧をお寺には持ち込んでいないからだと私は思っています。

お墓参りに訪れたお檀家さんが、一流企業の社長であれ、あるいは主婦であれ、そんなことは私には何の関係もありません。すべての人と、私は丸腰の心で向き合っています。その思いが相手にも通じるからこそ、皆さんがよい笑顔を見せてくれるのでしょう。

ご先祖のお墓の前に佇んで手を合わせている。すると隣のお墓にも手を合わせている人がいた。もちろん、どんな人なのかは知りません。どこに住んで、どんな仕事をしているのか互いに知る由もありません。それでも目が合うと、どちらからともなく会釈をする。お墓のなかに眠っている人に手を合わせる心。その心は誰もが同じです。互いにその心が分かり合うからこそ、頭で考える前に会釈をしているのです。これもまた「感応道交」だと私は思っています。

そのような日々の些細《ささい》なことからでも温かく心が通い合う瞬間を見つけることはできるものです。そして、そうした瞬間の積み重ねによって、やがて心から信じ合える関係が育まれていくのではないでしょうか。

社会生活をしていく上では、やはり社会の鎧を身にまとっていかなくてはなりません。すべての鎧を脱ぎ捨てることはとても難しいものです。それでも、少しの時間でもいいので、それを脱ぎ捨てる時間と場所をもつことです。その丸腰になる時間が、あなたの心をきっとやわらかなものにしてくれるはずです。

自未得度先度他《じみとくどせんどた》

まずは自分のことよりも、
相手のことを
考えてみましょう

「自ら未だ度を得ざるに、先ず他を度す」。大乗仏教ではこのように説いています。自分のことは後回しにして、まずは他人のことを救いなさいという教えです。自分本位に考えるのではなく、常に相手のことを先に考える。これが菩薩行というものなのです。

現実的に、いつも他人のことばかりを考えるということは、なかなかできるものではないでしょう。やはり人間の心のなかには、自分を優先したいという欲求があるものです。それでも、少しだけ相手を優先する気持ちをもっておくこと。それがひいては、自分自身の心をおだやかにしてくれるのです。

たとえば朝の通勤ラッシュ。駅は人で溢れています。みんなが会社へ向かうために急ぎ足で歩いている。時には肩と肩をぶつけあうこともあるものです。ちょっとぶつかったからと、すぐに頭に血が上ってしまう人もいるでしょう。そこで争いが起こることもあります。少し前にも、駅でぶつかった相手に腹を立て、その相手をホームから突き落とすという事件もありました。いつの間に日本は、そんなギスギスした社会になってしまったのでしょうか。

私が大学生時代の40年前。やはり東京の町はいまと変わらず混雑していました。駅の広さなどを考えれば、いまよりも混雑が激しかったかもしれません。誰かと肩がぶつかることなどしょっちゅうでした。しかし、当時の日本社会では、互いに謝る習慣が身についていたような気がします。

駅などですれ違いざまにぶつかる。すると双方の口から「ごめんなさい」という言葉が発せられたものです。もちろん混雑のなかでぶつかることは、どちらが悪いとも言えません。仕方がないことなのです。互いに、自分が悪いから「ごめんなさい」と謝ったわけではありません。どちらが悪いということなど関係なく、互いに相手を思いやるような言葉をかけあっていた。心のなかに、相手に対する思いやりの気持ちを多くの人たちがもっていたのです。それこそが日本人としての誇りだと思っていました。

現代でもそんな気持ちをお互いに感じることができれば、ストレスは相当解消されるのではないでしょうか。

肩がぶつかったからといって、すぐさま「何だ!」と怒る人がいます。

その一方で、自分は悪いわけではないのですが、すぐに「ごめんなさい」と言うことができる人もいます。このふたりの人を考えたときに、得をするのは明らかに後者です。すぐにかっとなってしまう人。つまり自分中心で生きている人。その人の心にはいつも怒りや不満足の感情が渦巻いています。思い通りにならないことにいつもイライラしているのです。一方で相手を思って「ごめんなさい」と言える人は、いつもおだやかな心を保つことができます。心に波風が立たないのですから、誰かとぶつかったことなどすぐに忘れてしまいます。要するに、相手のことを優先して考えるということは、すなわち自分自身の心を整えることでもあるのです。

すべて他人ばかりを優先することは難しい。またそうする必要もないと思います。仕事をしていれば、時には自分を優先させることも必要なことでしょう。しかし、たいしたことではないこと。どうでも構わないようなこと。そんなことにいちいち自分を優先させなくてもいいのではないでしょうか。100のうち、60は相手のことを考える。残りの40は自分のこと。それくらいがいい塩梅《あんばい》かもしれません。

薫習《くんじゅう》

できるだけ
尊敬できる人の
傍《そば》にいること

春・夏・秋・冬という四季のある日本。その季節の変わり目には、衣替えという習慣が古くからありました。秋が過ぎ、冬の足音が聞こえ始めると、夏と秋に着ていた着物を簞笥《たんす》のなかに仕舞います。虫よけのために、昔の人たちはお香を着物と一緒に入れて仕舞ったものです。

そうして季節が巡り、春の気配が漂ってくれば、秋口に仕舞っていた着物を簞笥から出します。半年間眠っていたその着物には、うっすらと優しいお香の香りがついています。しかしよく考えてみれば、その香りは着物自体の香りではありません。着物には本来は何の香りもついてはいないもの。着物についているのは、お香の移り香なのです。これが「薫習」の意味するところです。

人間関係もまた、これと同じだと禅は教えています。あなたを取り巻くたくさんの人間関係。その一人一人がお香のようなものだと考えてみてください。もしも悪臭を放つような人たちのなかにいれば、あなた自身も悪臭を放つようになります。素晴らしい香りをもっている人たちに囲まれていれば、きっとあなた自身も素晴らしい香りを身につけることができるようになるでしょう。人間というのは、やはり置かれた環境に左右されるものだと思うのです。

自分自身の心には悪はもっていない。常に善良な生き方をしている。たとえ周りがどうであれ変わることはない。そのように信じている人もいるはずです。そんな人でさえ、もしも周りが悪人ばかりだとしたら、やはりその世界へと引っ張られてしまうでしょう。悪い仲間と常に行動を共にしていれば、必ず自分もその仲間になっていくものです。それは人間の弱さと片付けられるものではなく、人間とはそういうものだと思ってください。

であるからこそ、自分自身が成長したいと思うのであれば、あなた自身が心から尊敬できる人の近くにいることです。その人の行動をいちいち真似する必要はありません。その人の分身になるということではありません。ただその人の近くに身を置き、尊敬できる人の行動をよく感じ取ることです。

自分自身を変えたいと願っている人もいるでしょう。明るい性格になりたいと思うのであれば、明るい人の傍にいることです。明るい人の周りには、同じように明るさをもった人たちが自然と集まってくるものです。そんな環境のなかに思い切って飛び込むことです。いきなり変えようとせず、無理をしてまで変えようとせず、とにかくその人の近くにいること。そうすることで、知らぬうちに明るい香りがあなたの心にも染み込んでくるのです。まるでお香の香りが着物に移るかのように。

人間というのは、常に影響を与え合いながら生きています。互いに影響を受けながら生きています。人と人との関係は、けっして一人だけで成り立ちません。その当たり前のことに思いを寄せて欲しいと思います。あなたが誰かから影響を受けているように、きっとあなたから影響を受けている人もいるのです。そのことに思いを寄せることで、自分自身の行動を律することができるのだと思います。

ほんとうの人間関係とは、ただ表面的につきあうということではありません。互いに尊敬の念を抱きつつ、互いに善き影響を与え合う。それこそが本来の人間関係だと私は思っています。そして、そんな本当の意味での人間関係は少ないものであってもいいのです。数の多さなどは何も関係がないことを知って欲しいと思います。

花無心招蝶《はなはむしんにしてちょうをまねき》　蝶無心尋花《ちょうはむしんにしてはなをたずぬ》

縁は平等に
訪れてくるものです

春になると、蝶々たちは花を求めて飛んでいきます。花は甘い香りを放ち、蝶々たちがやってくることをまっている。それは誰かから学んだことでもなく、ごく自然に花と蝶は結ばれていくのです。これこそが大自然の法則というものです。花と蝶を結びつける大自然の法則。それらを仏教の世界では「因縁」と呼んでいます。

私たち人間のなかにも、この「因縁」の世界が広がっています。言うところの「ご縁」というものです。縁があっていまの伴侶と共に暮らしている。縁があってこの町に住んでいる。縁があっていまの会社で仕事をしている。私たちを取り巻いている環境。それらはすべて「ご縁」で結ばれたものばかりなのです。この社会に生きている限り、誰もがたくさんの縁のなかで暮らしているのです。

「私には縁がない」という言葉をよく聞きます。特に結婚や恋愛に関してはそのように言う人が多くいます。そしてその「良縁」を求めて「縁結びの神社」などにお願いに行ったりする女性もいるでしょう。あるいはお金との「縁」を願いにお参りに行く人もいるものです。

もちろん心静かにお参りをすることはいいことです。ただし、知っておかなくてはいけないことは、縁というものはすべての人のもとに平等に訪れるものだということです。結婚相手との縁も、仕事などの縁も、まったくその縁が訪れないという人など一人もいません。常に私たちの周りには、たくさんの縁が流れています。大切なことはその流れてくる縁に気づき、それを自分の手でつかみ取るかどうかだけです。

「心を許せる友がいない」と嘆く人がいます。そういう人はおそらく、流れてくる誰かとの縁を結ぶ努力をしていないのだと思います。考えてみてください。会った瞬間から心を許せる人などいるはずはありません。会った瞬間に結婚を決める人もいないと思います。

信頼し合える友を求めるのであれば、人生を共に歩む伴侶を求めるのであれば、まずは目の前にある縁に手を伸ばすことです。強引に結ぼうとするのではなく、その縁を大切にしながら育んでいくこと。その心持ちでいることが人間関係には大切なことだと私は思います。

ただし、手を伸ばした縁がすべて手に入るわけではありません。するりと逃げてしまう縁もあるでしょう。いくらこちらが望んでも、相手が縁を結ぼうとしないこともあります。それが、いわゆる「運命」です。縁と運はまた別のものです。流れてくる縁が、運によって運ばれていく。どこに運ばれていくかはわかりません。それが人生というものだと思います。

今一つ付け加えるならば、あなたのもとに流れてくるたくさんの縁。それらすべてが「良縁」だとは限りません。絶対に結んではいけない「悪縁」というのもあります。その「悪縁」に手を伸ばしてしまえば、それこそ人生は悪いほうに向いていきます。縁がやってきたからと飛びつくのではなく、おだやかな心をもってその縁を眺めることです。

元日になれば、多くの人が初詣に出かけるでしょう。そもそもこの初詣の意味とは、前の年に結んだ悪い縁を断ち切ること。悪い縁を断ち切って、今年は良き縁がやってくるようにとお参りをする。そのために、まず初詣をして良い縁起を築くのです。それが本来の初詣の意味なのです。良き縁を結ぶ努力と、悪しき縁を断ち切る勇気。その両方に目を向けることが大事なのです。

白雲抱幽石

はくうんゆうせきをいだく

孤独な時間をもつことが
ストレスを和らげてくれます

現代に生きる人たちは、多くのストレスを抱えながら生きています。そのストレスの原因の多くが、人間関係から生まれていると言われています。私たちは、多くの人たちと助け合い、かかわりながら生かしていただいています。そこには温かな素晴らしき関係もあるでしょう。それにもかかわらず、どうしてその人間関係がストレスの原因となるのでしょうか。きっとそれは、その関係から逃れることができないという状況だからだと思います。

確かに会社に行けば、上司や同僚の顔を見なければなりません。いかにその上司が嫌いであっても、かかわらないで仕事をすることはできないでしょう。気の合わない同僚とも一緒に仕事を進めなくてはならないこともあります。その苦痛がストレスを生じさせているのだと思います。

しかし考えてみてください。その嫌な上司と顔を合わせるのは会社にいるときだけです。営業で外回りをしている人であれば、夕方に会社に戻ったときだけではないでしょうか。時間にすればそれほど長いものではありません。にもかかわらず、相手の顔を自分が勝手に思い浮かべているのです。まだ会社にも着いていないときから、すでに嫌な上司のことを思い出している。せっかくの休日であるにもかかわらず、わざわざ気の合わない同僚を思い出したりしている。自分で自分の首を絞めているようなものです。

リセットという言い方があります。会社を一歩出れば気持ちを切り替えるようにする。休日には仕事のことなどいっさい忘れるようにする。心をリセットすることが大事なのです。そしてリセットするために必要なことは何か。それは「孤独」な状態に自分を置くということです。

「孤独」というのは、マイナスのイメージに捉えられがちですが、人間には孤独になる時間がぜったいに必要だと思います。一人きりになって考える時間をもつことです。会社にいるときにそんな時間がもてるはずはないと、そう思われるでしょうが、ほんの数分でいいのです。毎日誰かと一緒に昼食に行くのではなく、時々は一人で食べに行くことも一つの方法です。それも会社の人間とは会わないような場所に出かけてみることです。

家に帰れば家族がいます。しかし、駅から家までの時間は孤独になれるはずです。要するに孤独というのは物理的な環境だけではなく、自分自身の心のもち方でも生み出すことができるのです。

孤独になって考える。その作業をしていると、物事を客観的に捉えることができます。誰かの言動に左右されるのではなく、誰かに気を遣うのではなく、自分自身の心に正直になれるものです。具体的に言うのなら、いま自分が抱えているストレスと冷静に向き合うことができるのです。孤独のなかにこそおだやかな心になる種が宿っているのだと思います。

「白雲がゆったりと広がり石を抱いている」というのがこの禅語の意味です。世俗とのかかわりを絶ち、静かに隠遁《いんとん》生活をする。昔から禅僧たちはそんな環境を求めてきました。そこに、真の修行の場があるのだと考えていたのです。おそらく修行僧たちが求めていたものは「孤独」だったのだと思います。

もちろん私たちが隠遁生活をすることはできません。世俗から離れることもできないでしょう。それでも、心だけは自由にそこから離れることができるのだと思います。「孤独」を恐れないことです。恐れるべきは「孤立」です。孤立はおだやかな心を奪うものだからです。

第3章

仕事との向き合い方

而今《にこん》

仕事の失敗を
ひきずらないように
しましょう

日々の仕事を進めていくなかで、失敗はつきものです。一度も失敗をしたことのない人などひとりもいません。もっと言うならば、成功するよりも失敗のほうが多いのではないでしょうか。野球の打者のように、3割もヒットがでれば御の字だと私は思います。

さて、失敗するたびに落ち込む人がいます。昨日の失敗を思い出してはあれこれと考え込む。ああ、失敗してしまったと後悔ばかりをしている人達です。落ち込めば落ち込むほどにストレスが溜まり、やがては心を蝕《むしば》まれることになってしまいます。

このように、常に失敗したことばかりに目を向けている人を見ていると、その大部分の人はじつは何も行動を起こしていないことがわかります。昨日の失敗を思い返すのは悪いことではありません。しかし、ただ思い返すだけでは何も前へとは進みません。その場に立ち止まっているだけではいけないのです。

一方で失敗を活かすことのできる人は、すぐさま次の行動に移ります。失敗したことは仕方がない。そうであるならば、次に同じ失敗を繰り返さないためにはどうすればいいのでしょうか。すぐに頭を切り替えて行動に移す。自分自身が足りなかった部分を客観的に見据え、それを改善するための方法を考えていくことです。これができる人は失敗がストレスにはならないのです。

　失敗がストレスに発展する人というのは、その失敗を感情の部分だけで捉えているような気がします。「しまった！」という気持ちが、「自分はだめだ」という思いに変わっていくのでしょう。そんな感情はまったく不要なものだと思います。まずは失敗と冷静になって向き合うこと。誰かのせいにするのではなく、全体像を捉えながら失敗を分析することです。

　過去・現在・未来というものがあります。禅の世界においては、このなかで現在しか存在していません。過ぎ去った時間はもうここには存在していないと考えるのです。その空虚な時間に思いを馳《は》せても意味がありません。また、未だ来てもいない未来を考えることも、大した意味はありません。

　私たちが生きているのは、いまというこの瞬間です。身体はいまという時間のなかで生きているのです。それにもかかわらず、心が過去の時間をうろうろしている。昨日の失敗ばかりを考えたり、過去の情けない自分の姿ばかりを追いかけてみたりしている。そうなれば、心と身体はばらばらになってしまいます。この心と身体がばらばらになった状態。それこそがおだやかな心を失った状態なのかもしれません。

「而今」という禅語は、命の真実は「今」にしかないことを説いた言葉です。私たちは「今」この瞬間にしか生きることはできません。昨日の自分はすでに死んでいるのと同じ。明日に生きているという保証もないのです。であるからこそ、「今」という時間を大切に生きることが大事なのです。

過去の失敗をすべて取り払うことは難しいことかもしれません。時にそれを思い出し、心が落ち込むこともあるかもしれません。反省ということを考えれば、過去を省みることも重要なことでしょう。しかし、その過去に心を留めてはいけないのです。過去に飛んだ心を、すぐに現在に引き戻していくことです。そして「今」自分がやるべきことは何かを考えること。それをすぐに行動に移していく。これさえできれば、失敗は余計なストレスに発展しないと、私は思っています。

歳月不待人

さいげつひとをまたず

時は人を待たない

有名なこの言葉は、東晋の詩人・陶淵明《とうえんめい》の詩のなかにある言葉です。人生には限りがあります。今日という日は二度と戻っては来ません。いたずらに日々を過ごしていれば、あっという間に時は過ぎ去ってしまう。一日を大事に生きなければいけない、ということを教えています。命には限りがあります。自分に残された時間は確実に少なくなっている。一日が過ぎれば、残された時間は一日少なくなる。頭では分かっていても、なかなかそれを実感することはできません。重い病を患って余命宣告などを受ければ、残された時間への愛着が湧いてくるでしょう。しかしほとんどの人たちは、自分に残された時間への意識が薄いものです。

残された時間を意識すること。それはとても大切なことだと思います。何も焦ったり、不安におびえたりする必要はありません。ただ、せっかく与えられた今日という日を、一生懸命に生きることです。明日に後悔を残さないように、心が満足するような一日を心掛けること。「今日もいい一日だった」と思いながら眠りにつくことのできるような日々を過ごすこと。成果を上げたり、何事かを成し遂げたりという満足感ではなく、自分自身の心が満たされるような一日。自分で自分に向かって「今日もよくがんばったな」と言えるような一日。その積み重ねが人生を豊かなものにするのです。

時は待ってはくれません。やりたいことや、やらなくてはならないことがあれば、それを先延ばしにしないことです。明日やろう、いずれやろう……そう思っているうちに、時はどんどん過ぎていきます。先延ばしにするのではなく、まずは扉の前に立って、扉を開けてみることです。何事も最初の一歩を踏み出さない限り、前に進むことはないのです。

私も日々の仕事のなかで、計画地のデザインを行なうことを求められることが多々あります。しかし、なかなか時間が取れないこともあります。頭のなかではいろいろと考えるのですが、実際に紙に描く時間が取れない。このようなときはトレーシングペーパーに少しでもいいから線を引く。すると不思議なことにどんどんとイメージが広がり、筆が進むものなのです。

ほかにも学生のレポートを読んだり、雑誌や本の執筆に追われたりと、期限に追われることがあります。来週中にいくつもの仕事の期日がやってくる。そんなときにはつい、頭の中であれこれと考えたりします。「これを今日やって、あれを明日やって」と、仕事の順番や段取りばかりを考えてしまいます。

段取りをいくら考えたところで、その通りに進むとは限らない。あれこれと考えることを止めて、とりあえず進めやすいものからこなしていくようにしています。

手をつけることで、一つの形が現実として現れてきます。「少しでも進んだ」ということを実感する。これが大事なのです。まずは扉を開けてしまえば、その先に道筋が見えてくる。扉の前で佇んでいるだけではゴールは見えない。これはどんなことにも言えるのではないでしょうか。

残された時間が延々とあるのであれば、すべてを先延ばしにしても構いません。しかし、私たちの時間は限られている。明日に生きているという確信すらないのですから。

曹源一滴水

そうげんのいってきすい

すべて
一滴の水から
始まる

いかなる大河であれ、その源流を辿《たど》っていけば、山の小さな湧水から始まっています。大河はある日突然に出来上がるものではありません。それは一滴の水から始まり、長い年月をかけて大河となっていくのです。

同じように、すべての物事は一瞬にしてなるものではありません。一見すれば一瞬にして出来上がったように見えるものでも、そこには必ず積み重ねというものがあります。その小さな積み重ねを疎かにしてはいけないという教えを説いた言葉です。

現代社会は、とかく性急に結果を求めがちです。目には見えにくい地道な積み重ねを嫌い、早く結果に結び付けることが善しとされています。急成長することばかりを求め、足元には目を向けようとしないところがあります。そんな風潮に、私はどこか危うさを感じています。

たとえば雨がしとしとと10日も降り続いたとします。静かに降り続く雨は、ゆっくりと山や木々に吸収され、やがては一筋の小川を生み出すことになります。

ところが一日で一気に降った大雨ですと、山や木々がそのすべてを吸収することはできません。そうなれば土砂崩れが起こったり、川の水が溢れ出すということになります。企業活動もまた、これと同じではないでしょうか。急激な発展はとても素晴らしいように思えますが、その裏には必ず危うさを抱えていることを忘れてはいけないのです。

私たち個々人にとっても同じことです。誰もが日々に成長をしたいと願っています。昨日よりも今日のほうが成長していることでしょう。それを求めるのは当然のことです。しかし、目に見えるような急激な成長など本当はありません。もしも成長したと思える瞬間があるのなら、それは過去の長い時間の積み重ねがあればこそです。積み重ねた実感もないのに成長したと感じるのは、単なる幻想にすぎません。そしてその幻想はすぐさま崩れ去ってしまうものです。

伝統ある美濃和紙を漉《す》き続けるある職人さんがいます。美濃和紙は『日本書紀』にも使われたともいわれる伝統あるもの。その和紙を70歳になっても漉き続けているのです。その職人技は素晴らしいもので、たとえば0・3ミリの厚さの紙を1000枚漉いて欲しいという注文を受ければ、寸分違わぬものを1000枚つくることができます。それも漉くときの手の感覚だけでやってしまうのです。また彼が生み出す和紙は世界的にも評価を受け、海外の画家からも注文が殺到しています。たとえば、人間の肌の色合いの紙を求められれば、まさにその通りの微妙な色を出すこともできる技をもっています。大英博物館にも、彼の漉いた和紙を使った版画が展示されています。

雑誌のインタビューで「素晴らしい伝統技術をおもちですね」と褒められた彼は、たった一言答えました。「私はただ60年間、毎日和紙を漉いてきただけです」と。

私はその一言に胸を打たれました。もっとよい和紙を生み出したい。ただその一心で毎日数百枚もの和紙を漉き続けてきた、その60年の積み重ねが、知らぬ間に評価された。職人さんにとっては、ただそれだけのことなのです。

一行三昧《いちぎょうざんまい》

一つのものに
なりきる

ここにある「三昧」というのは、一般的に使われている「釣り三昧」とか「仕事三昧」のように、「〜ばかりしている」という意味とは少し違ったものです。禅で言うところの「三昧」とは、「そのものになりきる境地」という意味です。釣りをしているのなら、釣りになりきる。仕事と向き合っているのなら、その仕事になりきる。そういう心をもつことの大切さを説いたものです。

いま自分が取り組んでいるものになりきる。これはなかなか言葉では説明が難しいものです。すぐに理解できる人は少ないかもしれません。しかし、たとえば華道などの世界に身を置いている人でしたら、おそらくはすんなりと理解していただけるのではないでしょうか。

花をいけようとするとき、始めのうちはいろんなことが頭のなかに浮かぶでしょう。色の組み合わせはどうしようか、季節感を表現するためにはどの花を使おうか、あるいはコンクールに出品するのだから、高い評価を得る作品に仕上げたい、などといわゆる雑念が湧いてくるものです。

ところが一旦花をいけ始めれば、そんな思いはどこかに消え去っていく。

さまざまな雑念はどこかに消えて、まさに目の前の花だけに心が集中していく。花をいけるという行為に対して三昧の境地になり、やがては花と自分の心が一体化してくる――きっとそのような体験をおもちだと思います。

私は「禅の庭」のデザインをしていますが、やはり同じような体験をしています。どの石をどこに配置しようか、海外の人たちにも分かりやすくするためにはどんなデザインがいいのか。やはり海外の人と日本人の感覚は違います。日本人の心には伝わる「わび」や「さび」というものも、なかなか海外の人には理解してもらえません。どうすれば日本の感性を分かってもらえるか。などなど、実際の作業に入る前にはいろんなことを考えています。

しかし、ひとたび現場に立つと、もうほとんど無意識の状態になります。誰かが話し掛けてくる声も耳に入ってこない。そのうちに暑さや寒さも感じなくなってくる。海外の人に分かってもらおうなどという雑念もいっさい消えてしまいます。まさに庭と自分がまるで一体化したような感覚に陥ります。そしていったんこの境地に入れば、作業は驚くほど早く進んでいきます。自分では早く完成させようなどとはまったく考えていないのですが、結果としてものすごいスピードで作業が進んでいるのです。これこそが「一行三昧」の状態なのです。

禅のなかには「ながら」という発想はありません。「掃除をしながら話をする」「食事をしながら新聞を読む」「事務処理をしながら隣の席の人とおしゃべりをする」。ついやってしまうことですが、この「ながら」をやっている限りは、そのものに集中することはできません。

一つのことに集中していないということは、どちらも中途半端なものになってしまうということです。二つのことを同時進行でやることは、一見すれば効率的に思えるかもしれませんが、結果としては時間がかかるものです。一つ一つのことに集中して取り組んだほうが、確実に物事は早く進むものです。「ながら」が無駄を生み出していることを知っておいて欲しいものです。

柔軟心《にゅうなんしん》

とらわれない心を得る

「自我」という言葉があります。この正体はいったい何なのでしょうか。

私たちは物事を判断するとき、つい自分自身の都合や価値観によって判断してしまいます。その場合にはいつも自分が中心になっているものです。他人がどう言おうが聞く耳をもたず、自分の都合のいい方向に運ぼうとしてしまいます。これがいわゆる「自我」の正体です。

もちろん人は誰しも自分の考えによって行動しているわけですから、そういう意味ではすべての人間は自己中心的であるとも言えるでしょう。

自我をもつことは悪いことではありません。自我がなければ人生の歩むべき道が見えなくなることもあります。自らの人生を歩む上には、やはり自分自身の価値観や信念がなければ歩くことはできません。他の誰かが自分の歩むべき道を教えてくれるわけでもありません。私たちはあくまでも自分のもつ自我によって支えられているのは間違いないのです。しかし、あまりにもそれに縛られ過ぎると、とても窮屈な生き方しかできなくなります。自分の価値観こそがすべて、自分の考え方だけが正しい。そんな執着心や偏見に凝り固まっていれば、どんどん生きづらくなってしまいます。

そんな執着心を捨てる心が「柔軟心」というものなのです。

もっと分かりやすく言うなら、皆さんは「ねばならない」という考え方に取りつかれてはいませんか。仕事や日常生活のなかには、「やらなければならない」ことが山積しているものです。毎朝ウォーキングをしなければならない、朝食はこれを食べなければならない、夜は何時に寝なければならない……規則正しい生活を心掛けることはいいことですが、あまりにもそれにとらわれ過ぎると、人生が息苦しくなってきます。

私たちはロボットではありません。機械のように完璧に規則正しく生きることなど不可能です。たとえば私たち僧侶は毎朝お経を唱えます。それは僧侶として「やらなければならない」大切な勤めです。しかし日々の体調が常に万全というわけではありません。熱が出るときもあればお腹を壊すこともあるでしょう。また私は海外出張が多くありますので、毎朝のお勤めができないこともあります。

そんなときにまでお経を唱えることに執着しても仕方がありません。どうしても朝のお勤めができない環境に身を置かれたときには、数分の間そっと手を合わせて心を整えるだけで済ませます。禅の修行は厳しいものですが、その規則がすべてではありません。その規則を根底にもちつつ、常に柔らかな心で物事に対処していく。何物にも執着することなく、そして何事も押し付けたりしない。それが禅の心というものです。

日々に息苦しさを感じている人もいるでしょう。「やるべきこと」が絶え間なく押し寄せてくる。その波にもまれながら、何とかして自我を見失うまいと必死にもがいている。おそらくは生真面目《き》な人ほど苦しんでいるのではないでしょうか。

何も適当に生きることを勧めているのではありません。すべてのものから解放されて、自由気ままに生きることを勧めているのでもありません。そうではなく、あなたを不要なまでに縛り付けているのは、世間や会社の規則ではないことに気づいて欲しいのです。目に見える「形式」があなたを縛っているのではありません。あなたを縛っているのは、あなた自身の心なのです。

任運自在《にんうんじざい》

すべてを
流れに
任せきる

ここに記されている「運」というのは、「巡り合わせ」とか「それぞれに与えられた定め」ということを表わしています。

不思議なことに、人生には巡り合わせというものがあります。誰と出会うかということも、どんな時代に生まれてどんな環境を与えられるかも、巡り合わせです。それぞれに与えられた定めというものは、自らの努力で変えることができません。何か大きな力によって私たちは生かされているのです。

そうであるならば、その与えられた巡り合わせや定めを受け入れ、あえて自分の意志を加えないで生きていくこと、流れに身を任せて生きていくこと。「任運自在」はその大切さを教える禅語です。

自分の意志を加えないとはどういうことなのか。私たちは意志をもたずして生きてはいけません。ただ風任せに生きるのでは、自分自身の人生ではなくなってしまいます。しかし、あまりにも自分の意志にばかりこだわりすぎると、自らの首を絞めることにもつながるのです。

「意志が強い・弱い」という言い方があります。一般的には意志が強いほうが良いとされています。もちろん強い意志をもって生きることは大切ですが、それに執着してはいけません。

たとえば、自分は40歳で役職に就《つ》くという目標を掲げる人がいたとします。目標というのは自らの意志によって生み出されるものですから、その目標に向かって一生懸命に努力をする、それは素晴らしいことです。

ところが役職に就けるかどうかは、すべて本人の努力によるものではないでしょう。そのときの環境や、あるいは人間関係にも大きく左右されます。上司に恵まれるということもあるでしょうし、いくらがんばっても上司とソリが合わないためにはじき出されることもあるでしょう。まさに巡り合わせのなかでそれは変化するものです。それなのにその「運」のなかで目標が叶わなかったからといって、もう自分はダメだと挫折してしまうのはいただけません。

そんなときに自分ばかりを責めないことです。たとえ予想外の結果が出たとしても自分のせいではなく、これが自分に与えられた定めなのだと思ってしまうことです。それは諦めたり投げやりになったりということではありません。ただ、いまの定めを受け止めて、大きな流れのなかに身を委ねてしまうことです。

どうしようもない大きな波のなかで、いくらもがいても仕方ありません。そうであるならばいっそ、波の上にぽっかりと浮かんでみましょう。いつかきっと、その波が素晴らしい場所へと自分を誘《いざな》ってくれる……そう信じて浮かんでいればいいのです。

もちろんただ浮かんでいるだけでなく次の巡り合わせがやって来たときに、その波を捕まえる準備をしておくことです。よい巡り合わせやチャンスというものは、けっして一度きりのものではありません。必ず次のチャンスは巡ってきます。

大切なことは、いま自分のところに来ている波が、努力によって変えられるものなのか、どうしようもない定めなのかを見極める目をもつことです。

人間到処有青山《じんかんいたるところせいざんあり》

人間は本来、天職などというものはもっていないのです

「自分は企画がやりたいのに営業に配属された」「自分は営業に向いていると思うのに、なぜか経理部になってしまった」「はやく自分のやりたい仕事に就きたい」。そんな不満を言う人がいます。

いまやっている仕事は自分の天職ではないと思う。もっと他に自分の才能を活かせる職場があるはずだ。そう不満を抱きながら仕事をしている人が結構多く見られます。それが高じると「私を製作部に異動させてください」と上司に直訴したり、あるいは会社を移ってしまうこともあるでしょう。

もしも願いが叶って、希望の部署に異動になったとしたら、その人は生き生きと仕事ができるのでしょうか。その部署で才能を発揮することができるのでしょうか。なかにはそういう人もいるかもしれませんが、多くの場合は、希望の部署でも文句を言っていたりするのではないでしょうか。

「自分のやりたい仕事」「自分の天職」。それを明確にもっている人はじつはとても少ないと思います。また、天職などというものは幻想にすぎません。生まれながらに特別な才能に恵まれ、周りの環境も整っている。そんな人はじつに少ないはずです。ほとんどの人間は、自分の力で天職を探していくしかありません。いや、探すというのではなく、自分の力と努力で天職にしていくのです。

私が教鞭《きようべん》をとっている多摩美術大学の教え子に、面白い経歴を辿った男子学生がいました。美大のデザイン科ですから、もちろん彼の夢はグラフィックデザイナーです。彼は卒業と同時に、憧れであったデザイン会社に就職をしました。

ところが周りは優秀なデザイナーばかり、なかなか彼のところには思い描いたような仕事はきません。そこでやっと任されたのが、証券会社のウエブサイトの製作でした。当人としては面白くない仕事でしたが、ともかく彼は一生懸命にその仕事をしました。まずは株式の勉強を徹底的にやったのです。デザインとは何も関係のない勉強。自分では大して興味も持てない分野です。それでも彼の株の知識はどんどん高まり、証券会社の人にデザインとは関係のない株式の提案までできるようになったのです。

その才能と努力が証券会社の人に認められて、彼は大手の証券会社からヘッドハンティングされたのです。そしてついには、ある証券会社の社長にまで上り詰めたのです。まさか彼自身が、証券会社のトップになろうとは考えてもいなかったでしょう。初めからこれが天職だと与えられる人間などいないということです。自分が置かれたところで、与えられた仕事をただ一生懸命にやり続ける。その先にこそ、自分だけの天職が見えてくるのです。与えられるものではなく、自分が創りだしていくものなのです。

「人間到処有青山」という言葉には、戒めの意味が込められているのだと思います。よそ見ばかりをして、自分がいる場所にしっかりと足をつけていない。他人の環境ばかりを羨み、いつも不満を抱えている。きっとどこかに素晴らしい場所があると思い込み、心が彷徨《さまよ》い続けている。そんなことを繰り返していても、あなたのいる場所、ひいては骨を埋める場所等は見つかることはないのだと教えています。

結局は自身の心のもち方次第なのです。人生のなかでは思うようにいかないことも多々あるでしょう。隣の芝が青く見えることもあるでしょう。しかし大切なことは、いまの仕事を頑張ることです。必ずその仕事のなかに、青山は見つかるはずです。

少水常流如穿石《しょうすいつねにながれていしをうがつがごとし》

絶え間ない努力は
必ず実る

たとえ僅《わず》かな水の流れでも、絶え間なく流れ続けていれば、いつしか固い石をも貫いてしまう。この言葉は、お釈迦様が入滅に臨まれるときに、弟子たちに説いたものです。絶え間なく修行を重ねていけば、必ず実るときがくるという教えです。

夢もまた、同じだと思います。いくつになっても、夢をもつことはとても大事なことです。どんな夢でも構いません。それに向かって歩むことこそが、人生を輝かせてくれます。

若い頃には、誰もが夢を抱いていたことでしょう。未来の自分の姿を思い描きながら、その夢に向かって歩を進めている。それこそが人間の幸福とも言えるのです。ところが年を重ねていくうちに、いつしか人は夢から遠ざかっていくものです。もう60歳なんだから、夢をもっても叶うはずはない。こんな年になって夢をもったところで仕方がない。もう若い頃とは違うんだと。そんな言い訳をしつつ、夢に蓋《ふた》をしてしまう人が多いのではないでしょうか。年齢を重ねることと夢をもつことは、何の関係もありません。

プロスキーヤーで登山家の三浦雄一郎さんは、2013年、80歳でエベレスト登頂に成功しました。80歳でエベレストに挑むこと。その夢は果てしのないものです。心臓に持病を抱える三浦さんのこの夢に、周りの人たちは医師も含めて皆が大反対したそうです。それは当然のことでしょう。いくら世界的な登山家とはいえ、さすがに80歳でのエベレスト挑戦は危険すぎると。しかし三浦さんは夢を諦めようとはしませんでした。毎日コツコツと身体を鍛えながら準備をされていました。まさにそれは修行僧のような姿です。そして日々の小さな努力を積み重ねることで、三浦さんは大きな夢に辿り着きました。

富士山が世界遺産に登録され、山頂まで登った人もたくさんいるでしょう。富士の頂から眺める景色は素晴らしいものだと思います。その風景を眺めながら、エベレストに登ってみたいと思った人もいるかもしれません。そうであるならば、エベレスト登頂という夢をもてばいいのです。

もうこの年からでは無理だ。そんな夢が叶うはずはない。誰が無理だと決め付けているのでしょう。決め付けているのは自分の心なのです。もちろん誰もが三浦雄一郎さんになれるわけはありません。エベレストに挑むことは大変なことです。三浦さんと同じにはなれなくても、三浦さんと同じ夢をもつことは誰にでもできます。たとえその大きな夢が叶わなくとも、夢に向かって歩く幸せは同じなのです。

いまは夢のない時代だと言われます。しかし、夢のない時代などありません。どんな時代にも、いかなる厳しい環境のなかにも、必ず人間の夢というものはある。なぜなら夢は社会や他者から与えられるものではなく、自らが生み出すものだからです。最初から夢を諦めてしまうことは、すなわち生きることを諦めてしまうことでもあります。それは、せっかくいただいた命を無駄にすることと同じです。

すべての夢が叶うとは言いません。しかし、夢に近づくことは必ずできます。大切なことは、心の水の流れを止めないということなのです。

放下着《ほうげじゃく》

過去のキャリアや成功体験にしがみつくことは、仕事を後退させることと同じです

「放下」とは、「打ち捨てる」という意味です。「着」は「何々しなさい」という命令を表わしています。つまり「すべての思慮分別や経験などもいっさいを捨てなさい」と教える言葉です。

ある禅僧が、長い年月をかけて修行を積んできました。自分自身では悟りに近づいたと自負をしています。「もう自分はすべてを捨て切った。執着心さえも湧いてこない」。そう思っていました。そこで師に聞きました。「放下着と言いますが、もう私はすべてを捨て切ったという思いでいます。もはや捨てるものは何もありません。これ以上、何を打ち捨てろと言うのでしょうか」と。そう聞かれた高僧が答えました。「捨て切ったという思いさえも捨てなさい」。

なかなか難しい禅問答ですが、それほどまでに、人間の心にとって捨て切るということは難しいことを表わしています。執着心を捨てることが、ひいてはおだやかな心につながっていく。それが分かっていても、人はついさまざまなことに執着してしまうものです。

会社のなかで言うならば、その執着心は肩書きや過去の実績にあるのではないでしょうか。一度手に入れた部長の席。そこに執着し、とにかくその席を死守することばかりを考えている。絶対に手放したくないと思うからこそ、自分の席を脅かす人間が現れたときにおだやかな心を保てなくなるのです。その椅子は永遠にあなたが座るべき椅子ではありません。ほんの数年もすれば、確実に他の誰かが座るのに、どうして執着するのでしょう。「幻想の椅子」に執着することは、あなたの心から安寧を奪うだけです。

また、過去の実績やキャリアを必要以上にひけらかす人もいます。自分はこんな大きな仕事をしてきたのだ。自分はこれだけの実績とキャリアを積んできたのだというタイプの人です。確かに当時はそれらが評価されたかもしれません。しかしそんな過去の評価など、3年もすれば他の人の記憶からは消えてしまうものです。

「俺は20年前にこんな大きな実績をつくったんだ」と若い部下に言ったところで、部下にはピンとくるはずもありません。過去の実績をいくら聞かされたところで、聞くほうにとってはそこに何の評価も生まれないのです。

一方で、何も言わなくても自然と部下がついてくる人もいます。そういう上司というのは、常に前を向いて走り続けている人です。これまで積み重ねてきたキャリアに胡坐《あぐら》をかくのではなく、さらにそれを磨く努力を欠かしません。自分にどんな肩書きが与えられようと、そこに安住することをしません。人間は、走り続けている人の後ろ姿をこそ追いかけるのだと思います。キャリアには、終わりがありません。途中で終わってしまうキャリアは、すぐに色褪せていきます。常に磨き続けるからこそ、いつまでもそのキャリアは輝くことができるのだと思います。そして磨き続けるためには、けっして過去にとらわれてはいけないのです。

積み上げてきたキャリアに自信をもつことはいいことですが、その自信にいつまでもしがみつくことはいいことではありません。築いてきた自信さえも捨ててしまうほどの心構えをもつことです。

自信が行き過ぎて、過信に変わる人がいます。こういう人は、きっと立ち止まっている人だと思います。なぜならば、走り続けていれば、必ずや過去の自信が揺らぐことがあるからです。そして、この自信が揺らぐという経験こそが、さらなる高みに自らを運んでくれるのです。

銀盌盛雪《ぎんわんにゆきをもり》　明月蔵鷺《めいげつにろをかくす》

人間に
得手不得手があるのは
当たり前のことです

この禅語を直訳すると「銀色の盌《わん》に雪を盛るさま。月の明かりのなかに白い鷺《さぎ》が潜んでいるさま」ということです。銀色の盌に真っ白い雪を盛れば、それは見分けがつきません。あるいは月明かりのなかを白い鷺が飛んでいたとしても気がつかない。どちらも同じ白色だからです。

銀盌と雪。月明かりと白鷺。両者とも色としては同等ですが、質的には大きな差異があります。これは人間にとっても同じだと示唆しています。

同じさまをしていて、同じ社会に生きている。同じ仕事をし、同じような暮らし方をしている。ともすれば同じであるかのように見えますが、じつは一人一人はまったく別の存在なのです。自分と似た人、自分と同じような境遇の人はいても、自分という存在はたった一人だけ。十人十色。その当たり前のことに今一度目を向けることです。

同じ会社の同じ部署で働いている。やるべき仕事も同じ。それにもかかわらずどうしてかそこに差が生まれてきます。手早く仕事をこなせる人もいれば、他の人よりも時間がかかってしまう人もいるでしょう。それは、人間には得手不得手があるからです。得意なこともあれば不得意なこともある。10人いれば10人がそれぞれの才能や特技をもっています。そこに目を向けないで、まるでみんなが同じだと勘違いするからこそ、そこに比較や評価が生じてくるのです。

禅のなかに「平等即不平等」という言葉があります。平等というものは、じつは不平等なものだという考え方です。

たとえば同期入社のCさんとDさん。二人は同じ部署に配属され、同じ仕事を与えられました。Cさんはその仕事がとても得意で、どんどん成果を出していく。一方のDさんはその仕事が苦手分野で、なかなかうまくいかない。当然のことながらCさんは高く評価され、Dさんは仕事ができないという烙印《らくいん》を押されてしまう。

同期入社の二人に同じ仕事を与える。これは一見すると平等にも思えますが、じつはこれこそが不平等なのです。本当の平等というのは、それぞれに得意な仕事を与えることです。Dさんにも必ず得意な仕事があります。それぞれの人間の得意な部分を見極め、その仕事に従事させてあげる。これが本来の平等ということなのです。

しかし現実的には、なかなかそうはいかないでしょう。社員全員の得手不得手を細かく知ることなどできません。始めは不得意なことでも、努力をすることで得意になることも往々にしてあります。これは仕事を与える側の責任ばかりではありません。

ただし、たった一つの基準だけで人を評価してはいけないということです。仕事とは人間がなしていることです。そのなしている人間に目を向けること。その温かな眼差しがあれば、職場にストレスは忍び込んでこないはずです。互いの違いを認め合うことが大事なのです。

そしていまの仕事が不得意だと思っている人がいたとすれば、まずは不得意だという思い込みを止めてみることです。じつは得手不得手というものは、多くが本人の思い込みからきているものです。自分自身が不得意だと思い込んでしまえば、ついそのことに対して消極的な取り組みになってしまいます。つまりそれは自分で勝手に不得意をつくりだしているだけのことです。いわゆる苦手意識というものです。人間の才能はそれぞれであることに目を向けることです。

三級浪高魚化龍《さんきゅうなみたこうしてうおりゅうとけす》

本気でやってみたいと
思うことは、恐れずに
チャレンジすることです

「三級」というのは、中国の伝説上の滝のことです。この滝の流れはすさまじいもので、人が滝をのぼるなど不可能なこと。しかし小さな鯉たちは盛んにこの滝をのぼろうと挑戦していきます。ほとんどの鯉が滝をのぼることができないままに命を落としていく。しかし、そのなかで一匹の鯉がついに滝をのぼりきった。そしてその鯉は天にまでのぼり龍の姿になったという逸話です。

この禅語は「厳しい関門に立ち向かうことによって、新たな境地が開ける」という意味に併せ、どんな人間であっても良き師家に導かれれば、道を成すことができることを教えているのです。それは修行の厳しさを教えるとともに、心からのやる気をもち、良き指導者に導かれれば、どんな厳しい修行も乗り越えられることを言わんとしているのです。

仕事をしていくなかで、不満や諦めというものはいつもついて回ります。こんな仕事をしたくない。もっと他の仕事をしたいと思っているけれど、どうせ自分にはできない。まあいまの会社には満足ではないけど、それほど大きな不満もない。そうであるならばこのまま適当にやっていけばいいかと思ってしまう。人生とはそんなものだと諦めてしまう。

私の知り合いから聞いた話です。50歳のときに会社を辞めて独立した男性がいます。大手の電機メーカーに勤めていた彼は、社内でも順調に出世をしていました。しかし彼のなかには、20代のころから開発したいと思っていたものがありました。しかし、いまの会社にいる限りその夢が叶うことはありません。そこで男性は独立をして小さな会社を始めたのです。しかし現実は厳しいものでした。開発はうまくいかず、借金は嵩《かさ》むばかり。それまでの貯金も底をつき、とうとう念願の会社をも畳むことになったのです。自分の好きな製品を開発し、会社も大きくしていきたい。その夢ははかなくも散ってしまいました。いまでは生活のために開発とは関係のない仕事をしているそうです。年収は以前の3分の1になったそうです。周りから見れば、彼の人生は失敗だったと思えるでしょう。明らかに選択が間違っていたということになるかもしれません。ところが彼の言葉には微《み》塵《じん》も後悔の文字がありません。

「会社を立ち上げたという意味では失敗だったと言えるでしょう。しかし、それで私の人生が失敗したとは思っていません。まだまだ私の人生は道半ばです。人生が続く限り、私は三級の滝をのぼり続けたいと思っています」

毎日生活のために仕事をしつつも、男性は夢を諦めたわけではありません。次なる挑戦への準備を始めています。

もちろんいまの会社を辞めて、独立することを勧めているわけではありません。現実的には失敗する人のほうが多いでしょう。言いたいことは、何が人生にとっての成功で、何が失敗なのか。それを自分自身の心に問うこと。人生にとって重要な仕事をどのように捉えるかということなのです。

会社のなかにいても、チャレンジする心を失ってはいけないと思います。そこにどんな厳しい滝があろうが、それをのぼり続ける努力をすることだと思います。まあこんなものでいいかと、のぼることを諦めた後悔。それは小さな棘のように消えることはありません。反対に思い切ってチャレンジしたけれど失敗してしまった。それは後悔としては残らないでしょう。本気で取り組んだことに後悔の念は残らない。それが人間だと思います。後悔の念とは、あなたが目を逸《そ》らしたそこにこそあるのです。

閑古錐《かんこすい》

年を重ねたからこそ
やるべき仕事があります

「閑古錐」の「古錐」というのは、使い古された錐《きり》のことです。長年使ってきた錐は、やがて先が丸くなり、切れ味は悪くなってきます。新しい錐と同じようにはいきません。しかし古くなった錐で怪我をすることもない。作業に時間はかかるかもしれませんが、安心して使うことができます。それこそが円熟であり、非常に尊いものであると禅は教えているのです。「閑」というのは「心安らいだ」状態を示しています。まさにおだやかな心ということです。錐も人間も、円熟味のあるものに安らぎが宿っているということです。禅の世界では、長年にわたって修行を重ねてきた僧侶のことを「閑古錐」、または「老古錐」と呼ぶこともあります。修行を積み、齢を重ねてきた禅僧には、おだやかななかにも若い禅僧にはない魅力があるものです。その魅力に対して若い禅僧たちは敬意を払っているのです。

振り返って会社組織というものを考えてみたとき、私はこの「閑古錐」の発想が失われていると感じています。60歳の定年に近づく年齢になると、ほとんどの社員は一線から離れていきます。

私の学生時代の友人たちも、定年を迎えるころになると、何となく元気がなくなっていくのを感じていました。まだ50代にもかかわらず、定年後のことばかりを考えている。もちろん定年後のことを考えることは大切なことですが、やはり少し早いような気がしてなりません。

そんな現状を見ていて、ほんとうにもったいないことだと私はつねづね思っています。どうして50歳を越えたからと言って一線から離れなくてはいけないのでしょうか。いつまでも一線に陣取っていれば、若い人たちの仕事を奪うことになるから。そんな言い方をよくしますが、はたして定年前の社員が若い社員の仕事を奪うことがあるのでしょうか。

若いころの仕事の仕方と、年齢を重ねてからの仕事の仕方。そこには自然と違いが生まれてくるような気がします。確かに若いころは体力もありますから、走り続けることができます。頭も柔軟ですから新しい知識をどんどん詰め込むこともできます。しかし新しい知識を使いこなす術はまだもっていません。インプットすることに気を取られて、それをアウトプットする方法をもっていないのです。

これまで蓄積してきた知識や経験。それらを熟成させるためには時間が必要なのです。たとえば僧侶がお経を唱える。お経を覚えることは若いときにできます。2年もあれば基本的なお経を唱えることはできるようになります。しかし若い僧侶が唱える経と、老齢の僧侶が唱える経はあきらかに違います。同じ文言を唱えても、聞いている人間の耳にはまるで違った経のように感じる。その差こそが熟練なのです。経典を頭ではなく心で理解している。それこそが「閑古錐」のなせる業《わざ》なのです。

仕事のなかには、年齢に合ったものが必ずあります。体力が必要な仕事もあれば、知識さえあればこなせる仕事もあるでしょう。あるいは智慧《ちえ》がなくてはできない仕事もあります。それを自分自身で見極めることが大切です。見栄を張って若い人と競う必要などありません。そこに対抗心を燃やしたところで何もならないのです。そうではなく、いまの自分の年齢でやるべき仕事とは何か。果たすべき役割とは何なのか。それを見つけた人間は必ず社会から必要とされるものです。

第4章

自分を高める智慧

平常心是道《びょうじょうしんこれどう》

日常生活
そのものが
道をなす

悟りとは、何も特別なところにあるのではありません。それはごく普通の日常のなかにこそあります。「平常心是道」とは、当たり前の心のなかにこそ、真の道があることを教える言葉です。

かの千利休は、「茶の湯とは、ただ湯を沸かし茶を点《た》てて飲むばかりなることと知るべし」という言葉を残しています。

いまというこの瞬間に感謝の気持ちをもち、そこに心を寄せること。そうすれば、その場には真実が現前する。それが人間としての道であり、幸福へとつながる道なのです。

日々の生活は、当たり前のように過ぎていきます。朝起きて、朝食を食べる。夕食には御馳走《ごちそう》を食べ、暖かな布団で眠りにつく。それを当たり前のことだと思っている人がほとんどでしょう。食べられるのが当たり前、お風呂に入るのも、柔らかな布団で眠るのも当たり前。そこに感謝の気持ちを感じる人は少ないのではないでしょうか。

禅の修行というのは、日々の生活に多くの制限が課せられます。修行を始めたばかりのころ、特に苦しいのは、空腹との闘いです。食事の量は最低限に制限され、その上に精進料理ですから、魚や肉はいっさい口にできません。そんな生活のなかでは、どんなに粗末な食事でも素晴らしくおいしく感じることができます。その上に朝から坐禅を組んでいますから、床についたときにはこの上ないほどの幸せを感じます。ゆっくりと身体を伸ばして眠れることのありがたさ。日常生活のすべてのことに、感謝の気持ちをもちながら過ごしているのです。

ありがたみというのは、それを失ったときに初めて感じるものかもしれません。あることが当たり前だと思っているときには、人はなかなか感謝の気持ちをもつことはできません。食べられなくなって初めて、食事ができることのありがたみに気がつく。親が亡くなって初めて、親のありがたさに気がつく。それが「ある」ときには気づかない感謝の思いが、なくしてやっと気づくことが多々あります。

初めて手にした喜びも、心から湧き出た感謝の心も、時が経つにつれて日常のなかに埋もれていく。初めの頃の感謝の気持ちも徐々に薄れ、やがては忘れてしまう。それは、人間の心に巣くっている傲慢さと弱さであるとも言えます。

人生の幸福や喜びとは、遠くのどこかにあるものでもなく、また特別な何かでもありません。しかし人はつい、日常の外にある特別な何かを探そうとします。本来の幸せや喜びは、じつはあなたの日常のなかにたくさん落ちているものです。その幸福の種を見過ごしてはいけないと思います。当たり前のものだと勘違いして、幸福の種を踏みつぶしてはいけません。

目の前に落ちている幸福の種に目を向けることです。自分に与えられているすべてのものに感謝をすることです。それは、心のもち方次第で誰にでもできること。埋もれていた日常への感謝を、掘り起こすことです。そしてそれは、いかなるときも自分の身の回りに、日常生活のなかに真実は現前しているということなのです。

莫妄想《まくもうぞう》

自分にとって
不要なものを
見極めること

メタボリック症候群という症状があります。飲み過ぎたり食べ過ぎたりして、身体のなかにどんどん不要な脂肪が溜まっていく。それに加えて不規則な生活や運動不足などによって、身体はメタボの状態になっていくのです。放っておけば深刻な病を引き起こしかねません。まさにこれは現代人特有の病とも言えるでしょう。

身体のメタボリック症候群と同じように、現代人は心のメタボに侵されているような気がします。たとえばいま持っているもので十分であるのにもかかわらず、もっといいものが欲しくなってくる。新しい商品が出れば、すぐさまそれが欲しくなってくるという心の状態を指します。

あなたのクローゼットのなかには、どれほどの洋服が入っているのでしょうか。せっかく買っても、一度しか袖を通していない洋服があったりしませんか。それどころか、買ったことさえも忘れてしまった洋服もありませんか。それは単に、クローゼットのなかがいっぱいだというだけの話ではありません。そのクローゼットこそが、あなたの心を映す鏡であると思うのです。

物欲というものは、留まるところを知りません。欲しいと思ったものを手に入れるとします。一時は満足するでしょうが、その満足はすぐに忘れ去られてしまいます。そしてまた新しいものが欲しくなってくる。いずれそれらが心のメタボを引き起こしていくのです。

心がメタボになるという状態。それは欲望に心を支配された状態です。過度の食欲と似ています。もうすでにお腹はいっぱいでも、目の前にデザートがあればつい食べてしまう。

「莫妄想」の「妄想」というのは、一般的に言われる「誇大妄想」とは違い、物事を二元的に考えることを表わしているのです。二元的に捉えるとは、つまりは比較をするということです。

自分のもっている車よりも、隣の家の車のほうが高級だ。比べてみると何となく自分の車が貧弱にも見える。そこでまだまだ乗ることができる車であっても、新しい車に買い替える。いったい誰が、あなたの車と隣の家の車を比べているのでしょう。誰があなたの乗っている車を貧弱だと思っているのでしょう。誰もそんなものに興味などありません。比べているのはあなただけなのです。

「妄想」というのはこういうことです。車を比べるのならまだしも、我が子と隣の子どもを比較したりする。我が子よりも隣の子のほうがいい高校に行っている。我が子は部活動で二軍なのに、隣の子はレギュラーになっている。それを悔しく思うのは、いい高校に行くほうが幸せになれる。レギュラーのほうが二軍よりも上だ。そう決めつけているからではないでしょうか。幸せとはそういうことではありません。それこそ妄想に過ぎないことを知ることです。

人間がもつ欲望をすべてなくすことはできません。またすべての欲望を断ち切る必要もないでしょう。しかし、その欲望があなたの人生にとってはたしてどれほどの意味をもつものなのか。それがあなた自身を高めてくれるものなのか。まずはそこを考えることです。あなたの人生にとって必要な欲望。それは他の誰かと比べるべきものではありません。いや、比べることなどできないものです。不要な妄想を捨て、自分が信じる幸福に向かって歩くことです。

一日不作《いちにちなさざれば》 一日不食《いちにちくらわず》

今日なすべきことを
粛々となしていく。
その積み重ねこそが人生なのです

今日という日に自分がなすべきこと。それをなさないのであれば食事もとらない。この言葉は百丈懐海禅師が言ったとされる言葉です。

高齢になっていた百丈禅師。周りから見れば、相当に体力が落ちているように思えたのでしょう。それでも若い僧侶に交ざって作務を欠かすことがありませんでした。朝早くから農作業に勤《いそ》しんでいたそうです。そんな禅師さんの姿を見るにつけ、弟子たちはとても心配をしていたのです。

このままでは禅師さんは病に倒れてしまうことになるかもしれない。そこで弟子たちは話し合い、ある日禅師さんが使っている農機具を隠してしまったのです。農機具がなければ農作業はできません。しかたなく禅師さんは、その日の農作業を諦めました。そして翌日もまた、農機具を隠された禅師さんは農作業をすることができなかったのです。

弟子たちはほっとしたのですが、じつは農作業を休んだ日から、禅師さんが食事をとっていないことに気がついたのです。慌てて弟子たちは禅師さんに問いました。「禅師さん、どうして食事をおとりにならないのですか？」と。返ってきた言葉が「一日不作　一日不食」というものだったのです。

禅僧にとっての作務というのは、もっとも大事な修行です。言ってみれば禅僧がなすべきこと。そのなすべきことをやらないのであれば、自分は食事をとらない。人間にはそれぞれになすべきことがあるものです。それをなさないというのは、その人間が生きていないことと同じだ。それを禅師は伝えたかったのです。

今日という一日に、自分がなすべきことは何なのか。そのなすべきことから目を背けたり、大切なことを後回しにする。そんな心が不安感や心配事を生み出していくのです。

たとえば借金を抱えているとします。返せなくなったらどうしよう。そんな不安に襲われることもあるかもしれません。しかし、どうしようと不安に思っていても借金は減りません。当たり前のことです。そうであるならば借金を返すためにはどうすればいいのか。答えは簡単です。今日という一日を一生懸命に働くことです。もしも仕事が見つからないと悩んでいる人がいるとすれば、家で待っていても仕事はやってきません。まずは身体を動かして仕事を探しに行くことです。えり好みをしたり、条件面ばかりに目を向けていては仕事など見つかりません。いま、自分にできる精一杯のことをやるという覚悟をもつことです。その覚悟があれば、自然となすべきことが見えてくるのではないでしょうか。

またこの言葉は「働かざる者食うべからず」という意味に捉える人もいます。それは少し違います。働くということは、何もお金を稼ぐだけのことではありません。生産活動だけが働くことではない。自分がなすべきことは、自分に与えられた役割と考えてください。

幼い子供がいる主婦であれば、子供を育てることこそがなすべきことになるでしょう。家族のために食事の支度をする。みんなが安心して過ごせる家をつくる。それはお金を稼ぐことではありませんが、生きていく上でとても大切な労働なのです。

自分がなすべきことはこれだと見極め、そこに心を尽くしていくこと。その積み重ねこそが、あなたの人生となっていくのです。周りと比べる必要などありません。なすべきことはみんな違うのですから。

薫風自南来《くんぷうじなんらい》

自由自在の
無心のなすこと

私たちは日々の暮らしのなかで、利害や損得勘定、あるいは評価というものにとらわれながら生きています。もちろん社会生活を営んでいる限り、それらから逃れることは難しいでしょう。仕事をしていくなかで利害を考えるのは当たり前のことですし、会社のなかでの評価が気になるのも当然のことです。

しかし、あまりにもとらわれ過ぎると、自由自在な心が失われていきます。それはすなわち、自らの人生を生きづらくすることにもなります。人間の計らいごとから離れて時には無心になり、自由自在の心を取り戻すこと——この禅語はそれを説いたものです。

では無心とは何なのでしょう。私は以前、あるテレビ番組の企画で、小学生に「禅の庭」の作り方を教えるという授業をしたことがあります。と言っても、実際の庭作りのテクニックを伝授するわけではありません。45センチメートル×60センチメートルの箱を子どもたちに渡して、その箱のなかに自由に庭を作ってもらいました。

子どもたちは嬉々《きき》として箱のなかにさまざまな自然を生み出していきま

す。砂を敷き詰め、その上に枝を置く。石ころを並べたり、なかには砂山を作る子もいました。

私はその様子を眺めながら、心からの感動を覚えていました。子どもたちが作る箱庭に感動したのではありません。彼らが無心になって取り組む姿に感動したのです。

子どもたちは余計なことを考えません。私に褒められたいとか、友達よりも見栄えのよいものを作りたいとか、そんな邪念は一切ありません。ただ無心になって庭作りに集中しているのです。その姿はまさに、禅の精神そのものでした。自由自在の心で庭作りをする姿勢をうらやましく思ったほどです。

「禅の庭」とは、禅の修行を積み、会得した心の状態を庭園という空間造形芸術として作った庭ということです。そこに決め事や縛りがあるわけではなく、あるのは禅の心だけです。

子どもたちはもちろん禅の修行などしていません。それでも無心の心をもっている。ということはつまり、私たちはみんな、生まれながらにして無心の心を備えているとも言えるのではないでしょうか。その無心で自在な心を、いつの間にか忘れてしまっている。世間の評価ばかりにとらわれ、無心の境地が削り取られていく。自分自身で生きづらくしているのかもしれません。

無心を取り戻すには、幼いころの記憶を辿ってみることです。幼いころに感じた楽しさ、新しいことに感動した気持ち、周りが見えないほどに集中して遊んだ記憶……大人になっても、決して消えることのない素晴らしい思い出の一つ一つを時には辿ってみることです。そしてその無心のなかに、一瞬でもいいから心を躍らせてみるのです。そうすることで、きっと自分らしさと再び出合うことができるでしょう。

人間の心とは、本来は自由なものです。不自由さを感じているとすれば、それは自らがもっている無心を忘れているからにすぎません。あなたのなかに眠っている無心で自由な心。それを思い出す時間をもつことです。

直心是我師《じきしんこれわがし》

ありのままの心が
道を示す師となる

人生とは迷い事の連続です。迷いの全くない人生など、おそらくはあり得ないと思います。やるべきか止めるべきか。目の前で分かれてしまった道があれば、そのどちらに進むべきか。私たちは日々、迷いのなかに生きています。

しかし、迷路のなかを彷徨っているばかりでは、人生は前に進めません。どこかで私たちは歩むべき道を選び、迷いの心を吹っ切らなければなりません。そんな状況になったとき、何を頼りに道を選べばいいのでしょうか。

家族や信頼する人たちに相談することも一つの方法でしょう。書物を通して先人の知恵を学ぶこともあります。しかし、いずれにしても最後は自分自身で決めなければなりません。自分の人生の主人公はあくまでも自分自身です。いかなる結果になったとしても、それはすべて自分へと返ってくる。誰かに責任を押し付けることなどできません。であるからこそ、自分の心と真摯《しんし》に向き合うことが大切なのです。

「直心」というのは、「ありのままの自分の心」という意味です。では、「ありのままの心」とは何か。それは、執着心や偏見など一切を捨て去った裸の心です。

たとえば、目の前に迷い事が現れます。どの道に進むべきかと思い悩む。これをやるべきか止めるべきか。そんなときに私たちは、つい損得や偏見で物事を見てしまうことがあります。自分の素直な心では、するほうがいいと思っている。しかし、それをやることで損をするかもしれない。あるいは心ではしてはいけないと思っていても、得をしたいがために無理やりにやってしまうこともあるでしょう。また、誰かのアドバイスを鵜呑《うの》みにして行動することもあるでしょう。

しかし結局は、自分の「直心」に反した行動や言動は必ず後悔の種を生む羽目《はめ》になります。たまたまそれがうまくいったとしても、心に刺さった後悔の棘がずっと残ったりするものです。なぜなら、その決断はあなた自身のものではないからです。あなたが主人公としてあなたの人生を歩んでいないからです。たとえ失敗したとしても、それが自分自身の心から出てきた行動であれば、それは大きな後悔とはなりません。

人生を歩む上で最も大切な心。それは自分自身の核となる心です。自分はどのような人生を歩んでいくのか。そしてどのようにこの世を去りたいのか。基軸とも言うべき「人生の価値観」をもつことです。これさえしっかりともっていれば、どんな迷い事にも答えを見つけることができるはずです。いたずらに迷路を彷徨うことなく、自分の心に聞くことで答えを見つけることができることでしょう。つまり、人生の師となるものは、自分自身の心のなかに存在しているということなのです。

自分自身の人生を歩むためには、常に自分自身と対話をすることです。執着や偏見を捨て、ありのままの「直心」と対峙《たいじ》する。我が本心は何なのかを問い続ける。その問い掛けこそが、迷い事から救い出してくれる師となるのです。

無念無想《むねんむそう》

とらわれから離れ、
ただひたすらに生きる

禅の世界で言う「無」とは、心のなかに巣食っている固定観念や、自分自身を縛っている自我や執着から解き放たれた状態を指します。すべての「とらわれ」から解き放ち、心を開放すること。それが禅の目指すところなのです。

この「無」の境地に辿り着くために禅僧たちは日々の修行に励んでいるわけですが、なかなか辿り着くことはできません。何十年と坐禅を組んでいても、完全なる「無」の境地に至ることは難しいものです。

まして一般の人にとっては、何物にもとらわれないという状態はなかなか困難であることでしょう。しかし、たとえ無の境地にまで行き着かなくても、ほんの一瞬だけでも心を開放することはできます。一日に数分で構いません。静かに坐禅を組んでみることをお勧めします。

目を半眼にして、気が集まるとされる丹田に意識を集中させて、ゆっくりとした呼吸を心掛ける。そうする間にも、頭のなかには雑念が浮かんでくるものです。「お腹がすいたな」「今日の仕事はどのように進めようか」などと考えたりもします。一切の雑念をもたないことなどなかなかできません。坐禅を組んでいる最中にも、余計なことを考えてしまう。それが人間というものです。

雑念が湧いてくることは一向に構いません。当たり前のことです。大切なことは、その雑念にとらわれないということ。「お腹がすいたな」と思うのはいい。その雑念をあえて葬ろうとしなくてもいい。ただし、そればかりにとらわれて、心を縛られないことが大事なのです。

浮かんできた雑念は、さっと受け流してしまう。もしも何らかの不安が頭をもたげてきたなら、その不安ばかりを考えないで、さっと横に置いてしまうことです。不安というのは不思議なもので、その不安に目を向ければ向けるほどに大きくなっていくものです。初めのうちは小さな不安だったとします。その小さなうちに流してしまえば消えていくのに、わざわざそこにばかり目を向けてしまう。いつも不安を抱えている人の多くは、じつは自分がそれを膨らませているだけなのです。余計な雑念をどんどん受け流していく。それもまた無の境地なのです。

この慌しい現代社会のなかでは、常に何かに追われている気分になるものです。それが積み重なって、やがては大きなストレスになっていく。一日のなかで、ほんの数分でも構いませんから、不安や雑念から離れる時間を作ることです。

その方法としてもっともよいのは、自然に目を向けること。デスクの上に、一輪の花を挿しておく。心が尖《とが》ってきたときには、ふとその花に目をやってみる。可憐《かれん》な花びらに一瞬でも心を寄せてみる。「きれいだな」と思う。この「きれいだな」と思った瞬間こそ、心が解き放たれた時間なのです。

何かに執着することが、自分にとってプラスになるのならそれでもいい。考えることで不安が消え去るのなら考えればいい。しかし、そうでないとしたら、何も考えないほうがずっといい。一瞬の無の境地が、再び歩き出す力を与えてくれるのです。

生死事大《しょうじじだい》　無常迅速《むじょうじんそく》

忙しいが口癖の人ほど、
じつは時間を
無駄にしているのです

この禅語は、「歳月人を待たず」と同じような意味だと思ってください。私たちには限られた時間しか与えられていません。こうしている間にも、誰しもが確実に死に向かって歩いているのです。その大切な時間はあっという間に過ぎてしまいます。であるからこそ、一時たりとも無駄な時間を過ごしてはいけないという教えなのです。

日々の生活のなかには、やるべきことが山積しています。会社に行けば仕事が待っています。家にいる主婦にしても、日々にやるべきことが生じてくるのです。仕事をしている限り、家事をしている限り、そこには終わりというものがありません。まさに私たちは時間に追われながら生きているのです。

「忙しい、忙しい」と口癖のように言う人がいます。しかしそういう人をよく観察してみると、忙しそうにしている人ほど時間を無駄にしていることに気づきます。「あの仕事もやらなければならない」「この仕事は今月中に終わらせなければならない」。口ではそう言いながら、じつは行動を起こしていないことが多いように思います。仕事というものは積み重ねです。

まずは取り掛かることが何よりも大事なのです。

あるエッセイストがこんなことを言っていました。たとえば20枚の原稿を頼まれます。締め切りまではもう3日しかない。そろそろ書き始めなければいけないのですが、何となく気分が乗ってこない。そういうときに、書くことを明日に延ばせば自分を苦しめるだけになります。気分が乗らないときには、無理をしてでも最初の1行を書くそうです。その人が言うには、最初の1行さえ書くことができれば、もう原稿の半分は書けたようなものだと。1行を書くことで、次の1行が頭に浮かんでくるそうです。その延長線上に20枚がある。そして、1行を書き始めたときから、不思議と忙しい気持ちはなくなっていくそうです。

忙しさというのは、じつは物理的なことではないのかもしれません。それは自らの心が生み出しているものではないでしょうか。実際に、何かをやり始めて、その作業に集中しているときには、忙しさは感じないものです。手をつけていないものばかりに目を向けるから忙しいと感じてしまうのでしょう。長い階段を下から眺めながらため息をついているのと同じです。まずは始めの1段を上ること。1段を上ることは、1段目的に近づくことなのです。

「ご住職はほんとうにお忙しいですね」とよく言われます。確かにやるべきことはたくさんあります。住職としての勤めは何があっても欠かすことはできませんし、その他にも大学で教えるための準備や、「禅の庭」のデザイン依頼も絶えません。それでも忙しいと感じることはほとんどありません。

それはおそらく、午前中にその日やるべきことをほとんど片付けるという習慣が身についているからだと思います。僧侶というのは、早朝から午前中にかけて、その日の仕事をほとんどやり終えます。そして午後からは自分の勉強の時間に充《あ》てることが多いのです。

要するに一日のなかで、心に余裕をもてる時間を意識的につくっているのです。頭が働く午前中に大切なものをやってしまうこと。そうすることで午後からは気持ちに余裕が生まれるのです。そんな生活リズムをつくっておけば、忙しさから少しは解放されるのではないでしょうか。

他不是吾《たこれわれにあらず》

自分ができることを
他人任せにすることは
慎むべきことです

道元禅師が中国の天童山で修行をしていたときのことです。禅寺には典座《てんぞ》と言われるお役の人がいます。典座というのは禅寺においては欠かすことのできない重要な存在で、修行に励む僧侶たちの食事を調えてくれる人です。言葉を変えれば食事の賄《まかな》い係のようにも思えますが、この典座なくして禅寺は機能しません。

さて、道元禅師が修行をしていた天童寺にも、一人の年老いた典座がいました。ある真夏の日、道元禅師はその年老いた典座を境内のなかに見つけます。その典座は暑いさなかにきのこを一生懸命に干していたのです。僧侶たちの食事に出すためです。典座は老齢ですっかり腰も曲がっていました。それでも杖を突きながら一生懸命にきのこを干しています。

その姿を見て道元禅師は尋ねました。

「そのような作業は、もっと下働きのものにやらせればいいではないですか。どうして苦労をしながらもあなたがやっているのですか」と。

その問いかけに年老いた典座が答えたのが「他不是吾」という言葉だったのです。つまり「他人に任せてしまえば、それは自分がやったことにはならない」という意味です。

他人任せという言葉があります。やらなければならないことがある。しかし、自分がやるのは面倒くさい。そこでつい他の誰かに頼んでしまうことを言います。おそらくそんな経験は誰にでもあるでしょう。

特に会社などでは、当たり前のように部下や後輩に任せてしまうことが多々あるでしょう。上司が部下に任せるという心のなかには、二種類のものがあるように思います。一つは部下の成長のためにあえてやらせること。自分でやったほうが早くて上手にできることは分かっていても、それを部下のためを思って任せる。それは部下にとっても幸せなことで、そんな上司の気持ちは部下の心に届くはずです。

ところがもう一つに、自分がやるのが面倒だから部下にやらせるという上司もいるでしょう。自分がやっても部下がやっても同じ。ましてその仕事が部下の成長などには結びつかない。ただ自分が楽をしたいがために部下に任せてしまうというものです。そんな上司に部下はついてきません。口では君のためだと言いながら、その言葉の裏側はとうに部下には気づかれているものです。

考えてみれば、安易に他人任せにすることは、とてももったいないことだと私は思います。せっかく目の前にやるべきことがあるのにもかかわらず、それを誰かに譲ってしまう。それは人生のなかから一つの経験を放棄することと同じです。たとえそれがすでに経験したことであったとしても、まったく同じ経験など人生にはありません。状況や自身の心持ちによって、同じ仕事でもまったく違う経験をすることができるものです。キャリアとは、同じ経験の繰り返しから生まれるものだと思います。

他人任せにすることは、それほど難しいことではありません。会社のなかでも家庭のなかでも、「あなたに任せるよ」と言うのは簡単にできるかもしれません。そうして自分は何もやらないでいる。面倒くさいことをしなくてもすんだ。そう思って喜んでいるかもしれません。では聞きます。何もしない、何もやることがない。それは果たして幸せな状態でしょうか。そこから生きている実感が湧いてくるでしょうか。生きている実感というのは、自分自身でやるからこそ生まれてくるものなのです。

柳緑花紅

やなぎはみどりはなはくれない

自然はそのまま
真実の表われ

「自然のなかに存在しているあらゆるものが、そのまま真実を表わしている。すべての自然が皆それぞれの個性をもち、かけがえのない存在である」

そういう意味を説いている禅語です。

周りにある自然に目を向けてみてください。木々は土に根付き、枝葉を精いっぱいに伸ばしています。木々に集う鳥たちが、その実を啄《ついば》んでいます。そこには何の計らい事もありません。美しく咲いている紅色の花。私たちはその花を見て美しいと感じますが、花は人間を喜ばせようとして咲いているのではありません。自然には何の策略も煩悩もない。それこそが真実なのです。

私たち人間は、煩悩に包まれて生きています。損得勘定や計らい事に埋もれながら生きている。それは悪いことではありません。考えるという力を与えられた限り、そこに計らい事が生まれるのは仕方のないことです。しかし、そのことに傲慢にならないようにすること。自分の計らいによって何かを変えようとしてはいけないと思います。まして人間の計らいによって自然を扱わないことです。人間もまた、自然の一部であることを忘れてはいけないのです。

それと同じようにたとえば私たちは、心臓を動かそうと思って動かしているわけではありません。息をすることも眠ることも、じつは私たちの意思を超えたところでなされています。自らの意思によって呼吸を止めることなどできません。いくら眠らないでおこうとしても、いずれは耐えられずに眠ってしまう。つまり、私たちは「生きている」のではなく、何か大きな力によって「生かされている」。そのことを知り、生かされていることに感謝をすることです。

人生のなかには、自分の力が及ばないことがあります。努力を重ねても、考え抜いても、どうしても及ばないことがあるものです。その真実に気がついたときに、また新たな人生が始まるのです。

自分の力や努力で解決していくことも大事です。そしてまた、自然の流れに身を任せてしまうことも、同じように大事なことなのです。自分の力の及ぶことは一生懸命に努力を尽くす。しかしどうしても力の及ばないことは、それを心で受け止めながら生きていく。諦めるのではありません。

第1章でも述べたように、明らかに見極めるということなのです。この両方のバランスを取りながら、自分の人生を歩いていくことです。

そして、もしも自分を見失いそうになったら、もしも生きていることに傲慢になっている自分に気がついたら、自然のなかに身を置くことです。木々の幹に耳を当てて、その息吹を聞いてみる。一輪の花をゆっくりと愛《め》でてみる。岸に打ち寄せる波の音に心を任せてみる。あるいは小鳥たちの囀《さえず》りのなかで、自分自身を振り返ってみる。そこで感じることです。人間もまた、この自然の一部であることを。

生きるとはどういうことなのか。人生の意味とは何なのか。人間にとっての真実とはどこにあるのか。自分とは何か。昔から人間は、その答えを探し続けながら生きてきたのでしょう。そしてその答えを、自然のなかに見いだしてきたのです。

直心是道場《じきしんこれどうじょう》

大切なことは
環境を整えることではなく、
志をもつことです

昔、光厳童子《こうごんどうじ》という僧がいました。彼はもっと修行に励むことを望んでいたそうです。ところが彼が暮らしているのは街中で、修行するための道場もありません。それに加えて街中はいつも騒がしく、とても修行に集中できない。いったいどこに行けば修行に専念することができるのか。彼は悶々とした日々を送っていたのです。

そこにある日、維摩居士《ゆいまこじ》が街にやってきました。光厳童子にとっては尊敬すべき人物です。さっそく光厳童子は維摩居士に尋ねました。「あなたはどこからいらしたのですか？」と。すると維摩居士は「私は道場から来た」と答えた。その言葉に光厳童子は喜び、「いったいどこに道場があるのでしょうか。その道場のある場所を私にも教えてくれませんか」と尋ねたのです。そのときに維摩居士が答えたのが「直心是道場」という言葉だったのです。

つまり修行をする場とは、何も道場ばかりではない。どんな場所に身を置いていたとしても、修行する心構えさえ整っていれば、その場がすなわち道場になるものだ。その教えを受けて、光厳童子は目が覚めたような思いになったと言われています。

たとえば坐禅にしても同じように考えられています。坐禅というのは僧堂（坐禅堂）のなかで組むものだ。そう思われているでしょうが、禅ではそういう考え方はしません。もちろん禅僧はお寺に暮らしていますので坐禅は修行道場では僧堂で、一般の禅寺では、本堂で組んでいます。しかしそれはあくまでもお寺にいるからであって、本来の坐禅はどこにいても組むことができると教えています。

元々禅では、「山林樹下」「樹下石上」と言って豊かな自然の屋外で坐禅を組んでいた時代があります。また一方で、立禅というやり方もあります。坐禅は本来坐って行なうものですが、坐禅に精通してくると何も坐って組むばかりではありません。たとえ立っていたとしても、立ちながらにして坐禅を組む心の状態にすることができるのです。境内の掃除をしているときにも、ほんの1分ほど立ったままで立禅をすることができるのです。大切なことは形ではなく、いかに心を整えて坐禅を組んでいる状態にするかということ。

毎朝の通勤電車。ゆったりと坐ることもできずに、吊革につかまって通勤をしている人も大勢いるでしょう。満員電車のなかでは、ついイライラした心持ちになってくるものです。そんなときにこそ、いま、自分は立禅をしているのだと考えてください。静かに目を半眼にして、心をおだやかにする。吊革につかまりながらでも、心を整えることはできます。そんな心境に心をもっていくことで、イライラした気分は安らぐと思います。しかし、これは本格的な坐禅に長年精通した人ができるものでもあります。まずは、坐禅会を開いている近くの禅寺へ行き、坐禅の基本となる事柄や、その作法等をしっかりと身につけることから始めてください。

何かを始めようとするときに、まず最初に環境を整えようとする。次の仕事に必要なものを完璧に整え、それからやっと仕事に取り掛かる。もしも一つでも何かが足りなければ、それが準備されるまで行動を起こさない。もちろん環境を整えることは大事なことです。しかし、その環境が質を左右するとはとても思えません。何かを成し遂げたいという熱意と志。それさえあれば、どこにいても人間は成長することができるのだと思います。

松樹千年翠《しょうじゅせんねんのみどり》

大事なものは
いつも
目の前にある

松の樹は、千年もの長きにわたって、その美しい翠《みどり》を保ち続けている——直訳すればこの禅語はそういう意味になります。

しかし、この禅語のなかにはとても深い意味があります。確かに美しい松の樹は目の前にあります。幼い頃からずっとそこに立っている。しかし私たちはその松の樹の美しさに目を向けることなく、その美しさに気づくことなく、別の場所に美しさを追い求めています。つまり大切なのは、常に自分自身の目の前にあるということを教えています。変わらぬ大切なものを見失ってはいけないことを説いた言葉なのです。

社会は目まぐるしく変化を遂げています。科学技術がすさまじい勢いで発達し、私たちの生活もどんどん変化しています。それに伴って、世の中の価値観も変わってきています。そのスピードについていくことができずに、その変化のなかにただ立ちすくんでいる。いったいいまの世の中で大切なものは何か。この社会のなかでどうやって幸福を探せばいいのか……目まぐるしい変化についていくことができず、自分自身を見失っている人たちも多いのではないでしょうか。

しかし考えてみて欲しいのです。いくら生活のスタイルが変わろうと、どんなに世の中の仕組みが変わろうと、人間そのものが変わったわけではありません。いつの時代にも、どこの世界にも、人間として絶対に変わらぬ心というものがあります。人間が本来もっている本質的な心がそれです。たとえば我が子が生まれたときの喜び。我が子の成長を見守るときの誇らしい気持ち。そして自分を育ててくれた両親を亡くしたときの悲しみ。こうした心は、どんなに時代が変化しても変わるものではありません。それらは理屈で説明がつくものではありません。人間が心の奥底にもっている根源的な感情です。

喜びや悲しみばかりでなく、人間には決して変わることのない心が確かにあります。その変わらぬ心に目を向けることで、真に大切なものが見えてきます。松の樹が延々と翠の葉を付けるように、人には延々と受け継がれている心があるのです。

人はつい変化を求めます。何ら変化のない日常に飽き飽きし、刺激的な変化を望むものです。確かに変化というものは魅力的なものですし、良くも悪くも一瞬の刺激を私たちに与えてくれます。時には変化を遂げることで成長することもあるでしょう。ですが、変化ばかりに気を取られていてはいけません。変化だけを望んで生きることは、すなわち流されることにもつながっていきます。周りの変化に流され続ければ、やがては自分自身を見失うことにもなります。変わりゆくものを否定するのではありません。ただし、その裏側にある変わらないものをも肯定する気持ちをもつことです。

本当に大切なもの。それは変わりゆくもののなかにはありません。決して変わることのない心のなかにこそあるものなのです。その変わることのない心に目を向けることで、人間としての幸せが見つかるのではないでしょうか。

巌谷栽松

がんこくにまつをうえる

未来を信じて
苗を植える

この禅語の直接の意味は「岩ばかりの深く険しい谷に松を植える」ということです。岩だらけの場所に松の苗など植えても、なかなか育ちません。松の樹が大きく育つことはありませんし、まして自分が生きているうちにその姿を見ることはできないでしょう。

しかし、そんなことは無駄なことだと思って、苗木を植える人が一人もいなければ、やがて世の中の険しい土地には一本の樹もなくなってしまうかもしれません。無理だと諦めずに、きっといつかは大きく育つことを信じて松を植える。たとえ松が大きく育つその姿を自分が見ることはできなくとも、いまの自分のためでなく、未来のためになすべきことをなす——その大切さを説いている禅語なのです。

若いころには、つい性急に結果を出すことばかりを考えます。いまやっていることに対して、すぐにでも結果が欲しい。のんびりと5年後や10年後の結果など考えても仕方がない。そして結果が見えないものは次々と切り捨てていく。まだまだ未来がある若い時期には、そんなエネルギーもまた必要かもしれません。

しかし年齢を重ねていくということは、残された時間が少なくなっていくということです。その時間のなかで、何かの結果を求めることは難しくなっていきます。すると、今更何かをしたところで、大した結果を得ることはできない、と人生の松を植えることを諦めてしまうのです。

いずれ自分は死んでいきます。しかし、自分が死んだ後にも、この世の中は変わることなく続いていき、子供や孫がいれば、彼らの人生はまだまだ続いていきます。そのことに思いを馳せ、延々と続くであろう未来を信じて、自分が残せるものは何か、たとえ自分の眼で見ることはできなくとも、自分が生きた証《あかし》をどうすれば残すことができるのか、そこに心を砕くことが大事なのです。

生きた証を残したい。それは人間としての本能のようなものです。証とは子供や財産などといった形あるものばかりではありません。たとえ形はなくとも、自分の抱いている思いや精神はきっと残せます。孫に話をするのもよし。エンディング・ノートに思いを書き残すのもよし。いまは伝わらなくても、必ずその思いが伝わるときがきます。命をつないでいくとはそういうことなのです。どうせ死んでしまったらおしまい。自分が精神を残したところで、それが受け継がれるかどうかなど分からない。死んだ自分にはもう確かめることさえできない。何かを残すことに意味などない。もしかしたらそのように考える人もいるかもしれません。

人間は死んだ後にどうなるのか。魂としてこの世に残っていくのか。あるいは死んでしまえばすべてが無に帰するのか。魂はあるのかないのか。その答えを仏教は示していません。つまり、魂が存在するか否かの答えは、それぞれの心のなかにあるということです。そうだとすれば、私は魂の存在を信じます。自分が生きているうちに植えた小さな苗が、死んだ後に見事に育っていく。その姿はきっと心の眼で見られる。そんな未来を信じています。

百花春至為誰開《ひゃっかのはるにいたってたがためにかさく》

誰のためでもない、
ひたすらの心をもつ

「春になり、花が一斉に咲き誇る。その花たちは、いったい誰のために咲いているのだろう」

この禅語を直訳すればこういう意味になります。

「柳緑花紅」の項でも触れたように、花は私たち人間の目を楽しませるために咲いているのではありません。また、その美しい姿を誇ろうとして咲いているのでもありません。春になって花を咲かせるのは、誰のためでもなく、咲くことが花に与えられた本分に過ぎないからです。

そこには一切の作為はありません。目的や思い入れ、あるいは邪心などはまったく入り込む余地はなく、ただ春になれば無心に花を咲かせる。その無心の姿に、私たちは感動を覚えるのです。

道端に咲いている一輪の花。その花に触れたとき、私たちは何とも言えないほど心が癒やされます。心が引き寄せられるのは、ただその花びらの美しさだけではありません。花の色や姿ばかりに感動を覚えるのではなく、その花の向こう側にある、無心という真実に触れたとき、私たちの心は癒やされるのです。

翻《ひるがえ》って、私たちの心には常に、作為や雑念というものが付きまとっています。いま目の前にある仕事にしても、なかなか無心で取り組むことができません。まだやってもいないときから評価を気にしたり、失敗したらどうしようなどと思い悩んでしまう。無心にならねばと思えば思うほどに邪心が芽生えてくる。それが人間というものです。

日々修行を重ねている僧侶でさえ、無心になることはなかなか難しいものです。鐘をつくときには、よい音が出るだろうかと一瞬考えてしまう。お経をあげていても、時に間違えることがあります。

どうして毎日あげているお経を間違えてしまうのか。それは心のどこかで、間違えないようにしなくてはという雑念が入っているからです。あるいは、素晴らしいお経を聞かせようという邪念が混ざっているからです。

誰かのために鐘をついているのではない。上手にお経をあげることを目指しているのではない。ただ僧侶の本分としてやっていること。そんな無の境地になったとき、鐘の音色やお経の声が人々の心に染み入るのだと思います。

すべての作為を消し去ることなどできません。社会で生きている限り、他人の目や評価が気になるのは当たり前のことです。花のように、まったくの無心になることは人間にはできません。それでも、できるだけ無心になる瞬間を作る努力を惜しまないことです。

刻々と現れてくる雑念や邪念。それらをほんの一瞬でいいですから捨て去ることです。再び同じ雑念が湧いてきても構いません。しかし一瞬捨て去ることで、人は自らの雑念を客観的に見られるようになります。一度放した雑念が再び戻ってきたとしても、もうその雑念は以前のものとは違うものになっているはずです。

不安や心配というものは、得てして雑念のなかから生まれるものです。評価されたいという雑念が不安を生み出しています。その雑念のなかから少しでも抜け出し、自分自身がやるべきことだけに目を向けること。自らに与えられた本分とは何か。そこに心を寄せることです。

大道通長安《だいどうちょうあんにつうず》

どの道を歩んでも、
人間は必ず幸せに
辿り着くことができるのです

唐王朝の都であった長安。すべての人が長安に憧れ、そこに行きたいと願っていました。そしてこの長安に続く道は、数えきれないほどあったと言われています。言うならば、どの道を通っても、最後には長安の都に辿り着く。すべての道が長安に通じていたのです。

仏道の道もこれと同じ。どこでどのような修行をしていても、最後に辿り着く真理の場所があるのです。これこそが仏道に続く道、というものなどありません。王道を行くことだけがその道ではない。たとえ細い道なき道であっても、修行を重ねれば必ず求める境地へと導いてくれます。この言葉はそれを教えているのです。

幸せになりたい。成功を収めたい。誰もがそう願っているでしょう。では成功とは何でしょうか。一流会社に就職して、実績を重ねて出世した。それも一つの成功の形でしょう。何十年も畑を耕し、ついに自分が思っているような作物を収穫することができた。それも成功です。

あるいは高い志をもって新しい開発に取り組んできた。30年も開発を重ねましたが、とうとう結果を出せずに失敗に終わってしまった。それさえもまた、人生としては成功なのだと私は思います。

幸福にしても同じこと。お金持ちになることが幸福。大きな家を建てることが幸福。社会的な地位が上がることが幸福。もちろんそれらも幸福の形の一つです。しかし、幸福の形は一つではありません。その形は人の数だけあるということです。もっと言えば、私たちはいまこうして生きている。多少の病を抱えていたとしても、金銭的に裕福ではなかったとしても、ともかくこうして今日という日を生きていられる。そこには奇跡のような幸福があることを知って欲しいと思います。生かされていることの幸福は、すべての人に与えられているものなのです。

その本来の幸福を感じることをせず、テクニックばかりを追い求める風潮があります。

成功を収めた人物の自叙伝がたくさんあります。何かをなした人たちですから、そこから学ぶこともたくさんあるでしょう。しかし、そこに書かれているのは、あくまでもその人だけの成功や幸福です。それはけっして読者であるあなたの幸福ではありません。それを勘違いして、その書物のなかにある人生こそが幸福だと信じてしまうことで、自分自身が歩むべき道を見失うことになるのです。

人生の道のりは選択の連続です。目の前にいくつかの道が分かれている。そんなときには勇気と自信をもってあなた自身が選択することです。自分が選んだ道を歩んでいると、大きな岩にぶつかってしまった。その岩を乗り越えてでもその道を進むのか。それとも引き返して別の道を辿っていくのか。その選択もまた自分ですることです。

誰かの後をついていくのではなく、自分自身で選ぶこと。誰かの後をついていったところで、辿り着くのはその誰かの幸福であり、あなたの幸福ではありません。

誰しもが最終地点の幸福に辿り着きたいと願っている。そして誰もが必ず幸福に辿り着くことができるのです。たとえ道半ばで倒れたとしても、その倒れた場所こそがその人の幸福の地だと思うのです。

誰もがもっている幸福の最終地。そこに行く方法はただ一つ。人生の歩みを止めないことです。

あとがき

本書は月刊誌「華道」に連載していた「禅にたずねる　花の道しるべ」をもとにして、新たに禅語を加えて書き下ろしたものです。

禅の言葉というものはとても奥が深いものです。明確に最初に言った人物がわかっている言葉もあれば、多くの僧侶の口によって伝えられたものもあります。あるいは時代の変化と共に、その解釈が少しずつ変容している言葉もあるでしょう。

禅の言葉の奥深いところは、受け取る人によってさまざまに変化を遂げるということです。もちろん基本的な意味は変わりませんが、受け取る人やその人の置かれた状況によって姿を変えてきたりするのです。

たとえば第3章で取り上げた「歳月不待人」（さいげつひとをまたず）という有名な禅語があります。人間の命には限りがあります。誰しもが必ず死を迎えるものです。それは変わることのない真実です。人生の時間は限られたものである。であるからこそ、一日一日を大切に生きなさいという教えです。

ところが10代や20代のころには、まだこの禅語が心を揺さぶることはありません。一日を大事に生きなければいけない。それは頭では理解していても、心の底から思うことができません。

「本当は今日やったほうがいいけど、まあ明日にしようか」「今年はやれなかったけど、来年やればいいか」。やるべきことをつい先延ばしにしたり、一日を大切に扱わないことがあるものです。それはどうしてか。「明日という日がくる」「来年という時間が必ずある」。そう信じているからです。まだまだ自分の人生は長い。残された時間は余るほどある。若いころにはそんな感覚があります。

未来を信じることは素晴らしいことです。そして多くの若者には「明日」という日がやってきます。しかし、それは100%ではありません。人生の終焉《しゅうえん》は突然にやってくるかもしれないのです。この禅語が教えることはそこにあるのです。

齢《よわい》を重ねて60歳も過ぎれば、この言葉は心の奥深くに入ってくるものです。残された時間が少ないことに気がついたとき、「歳月不待人」という禅語が大きな意味をもってくるのです。

このように禅の言葉というものは、年齢や状況によって受け止め方が大きく変わるものです。若いときにはピンとこなかった言葉が、いまでは心に染み入ってくる。あるいは深い悲しみを経験することで、一つの言葉がはっきりと色付いてくることもあるでしょう。

たった一つの禅語と出合うことで、人生が変わってくることもあるかもしれません。隣の人にとっては無価値な言葉でも、自分にとっては宝石のような輝きを放つこともあるでしょう。言い方を変えれば、禅の言葉とは、受け取る人の心に委ねられているのです。

本書には51の禅の言葉を紹介しました。おだやかな心というテーマに沿って選んだものですが、それらはおだやかな心を保つためだけの言葉ではありません。読者のみなさんがそれぞれにその言葉を活かしてくださればいいのです。

みなさんが心おだやかに生きていくために、幸せを感じながら人生を歩んでいくために、そっと寄り添ってくれる言葉を見つけてください。たった一つの言葉が、あなたを救ってくれることがあります。あなたに生きる勇気を与えてくれることもある。私はそう信じています。

合掌

この作品は、２０１４年1月から２０１５年12月に日本華道社より刊行された、月刊「華道」の連載「禅にたずねる　花の道しるべ」に、大幅な加筆・修正したものである。

著者紹介

枡野俊明（ますの・しゅんみょう）

1953年、神奈川県に生まれる。曹洞宗徳雄山建功寺住職、庭園デザイナー、多摩美術大学環境デザイン学科教授。玉川大学農学部卒業後、大本山總持寺にて雲水として修行。禅の思想と日本の伝統的な考え方をもとに庭の創作活動を行ない、国内外より高い評価を得る。庭園デザイナーとして、芸術選奨文部大臣新人賞を初受賞。外務大臣表彰、カナダ総督褒章、ドイツ連邦共和国功労勲章功労十字小綬章など、受章・受賞多数。

著書に、『心配事の９割は起こらない――減らす、手放す、忘れる「禅の教え」』（三笠書房）、『禅が教えてくれる 美しい人をつくる「所作」の基本』（幻冬舎）、『思いが伝わる あなたと家族のエンディングノート――禅が教える豊かな人生の終い方』（PHP研究所）、『怒らない 禅の作法』（河出書房新社）などがある。

編集協力：網中裕之

本文デザイン：三木俊一・吉良伊都子（文京図案室）

PHP文庫　おだやかに、シンプルに生きる

2016年3月15日　第1版第1刷
2019年12月26日　第1版第13刷

著者　枡野俊明
発行者　後藤淳一
発行所　株式会社PHP研究所
東京本部　〒135-8137　江東区豊洲5-6-52
PHP文庫出版部　☎03-3520-9617(編集)
普及部　☎03-3520-9630(販売)
京都本部　〒601-8411　京都市南区西九条北ノ内町11

PHP INTERFACE　https://www.php.co.jp/

制作協力
組版　株式会社PHPエディターズ・グループ

印刷所　株式会社光邦
製本所　東京美術紙工協業組合

ISBN978-4-569-76527-3